KYNOS KLEINE HUNDEBIBLIOTHEK

BRIARD

KYNOS VERLAG MÜRLENBACH

KYNOS KLEINE HUNDEBIBLIOTHEK

BRIARD

Was man über ihn wissen sollte.

Doris Kiefer

INHALTSVERZEICHNIS

WICHTIGE ADRESSEN

Briard Club Deutschland e.V., Geschäftsstelle
Frau Marion Haag, Stenglenzhof, 77791 Berghaupten, Tel.: 07803/4430

Verein für Französische Schäferhunde in Österreich, Geschäftsstelle
Herrn Florian Unteregger, Wurmbachweg 21, A - 6020 Innsbruck,
Tel.: 0512/267315

Schweizerischer Briard Club
Ernst Rutschmann, Birmensdorferstraße 69, CH - 8902 Urdorf, Tel.: 01734/3589

IMPRESSUM

Am Remelsbach 30, D-54570 Mürlenbach/Eifel
Telefon: 06594/653, Telefax: 06594/452

ISBN-Nr. 3-929545-48-9

Realisation & Druck:
DRUCKEREI ANDERS, D-54595 Prüm, Telefon: 06551/9503-0

VORWORT

Die Epoche des Briards als Arbeitshund an der Herde geht zu Ende. Elektrische Zäune haben ihn verdrängt, die ziehenden Hirten sterben aus. Das Bild der grasenden Schafherden, mit dem Hirten in seinem langen Mantel, auf seinen Stock gestützt, umgeben von seinen beiden Hunden wird der Vergangenheit angehören. - Eine Idylle, an die sich viele sicher gerne zurückerinnern, aber auch ein Bild, das in vielen wahren Briardfreunden ein wehmütiges Gefühl wecken wird.
War es nicht das wahre Gesicht des Berger de Brie, welches er an der Herde zeigen konnte? War es nicht die Freude an der Arbeit, die den Hund zu dem machte, was er heute ist?
Hier sind in Zukunft wir gefragt. Joel Herreros spricht in seinem gerade erst in Frankreich erschienenen Buch "Le Berger de Brie" vom Ende einer Epoche, einer Zeit, in der der Berger de Brie über Jahrhunderte hinweg in seiner Aufgabe als Hirtenhund arbeiten durfte.
Wir, die wir die Rasse des Berger de Brie schätzen und lieben, sollten darauf achten, daß nie vergessen wird, woher der Briard kommt und was er einmal war.
Gerade in Deutschland wird der Briard leider bis heute oft falsch eingeschätzt und beschrieben. Ich möchte mit meinem Buch dazu beitragen, daß jeder die Freude an seinem Hund finden wird, die der Briard zu vermitteln vermag.

Früh an andere Hunde gewöhnt wird der Briard zu einem sozialverträglichen Hund.

Ich möchte mich recht herzlich bei den Bildgebern A. Bojko-Mühr, I. Brune, A. Elsholz, B. Heissenberger, M. Höhn, A. Kamp, S. Nant, S. Scherer, B. Schäfer, F. Unteregger und bei Herrn G. Kiefer, Herrn Dr. Fleig und meinen französischen Freunden und Ausbildern für ihre Unterstützung bedanken.
D. Kiefer

Kapitel Eins

RASSE-GESCHICHTE

Die Entwicklung des Briards
über die Jahrhunderte

Der Ursprung des Berger de Brie

Der Briard in der Literatur,
der Kunst und der Politik

Der Name Berger de Brie oder Briard

Chenil de la Hulpe - Raquette et Chrisanthème à MM. Lamarque et Verlinde. Aus Sédir: Le Berger de Brie 1926.

Die Geschichte des Haushundes, und damit auch die Abstammungsgeschichte des Berger de Brie, geht bis vor ca. 50-60 Millionen Jahre zurück.

Ein wichtiger Schritt bei der Entstehung der Haushunde war die Domestikation (Haustierwerdung), die etwa 10.000-12.000 Jahre zurückliegt. Menschen zähmten den Wolf, nahmen ihn zu sich - in und an das Haus - und machten sich seine positiven Eigenschaften zu Nutzen.

Ab dem Zeitpunkt, da sich der Mensch den Hund zum Helfer gemacht hatte, entwickelten sich die einzelnen Hunderassen. Die Menschen wählten für ihren jeweiligen Bedarf die Tiere aus, die durch ihre Anatomie und ihren Charakter für bestimmte Aufgaben am besten geeignet waren und paarte diese untereinander.

So entstanden über lange Jahre hinweg Spezialisten wie Jagdhunde, Schutzhunde, Laufhunde, Hirtenhunde, usw.

Der Berger de Brie gehört der sehr alten Gruppe der europäischen Hirtenhunde an, doch leider muß man feststellen, daß vieles über die Entwicklung dieser Rasse bis heute unerforscht geblieben ist und man daher auf Theorien angewiesen ist.

Die Gruppe der französischen Schäferhunde, welcher der Briard zweifellos angehört, wird in der Literatur erstmals 1387 durch den Grafen de Foix beschrieben.

Die erste bis heute überlieferte, genaue Beschreibung des "Chien de Brie" ist im Rahmen der "Cours d`Agriculture" 1809 durch den Abt Rozier erfolgt.

Aber erst Mitte des Jahrhunderts werden die einzelnen Hirtenhundetypen Frankreichs klar und systematisch unterschieden und den heutigen Rassen vergleichbar eingeteilt.

In Paris fand im Jahre 1863 die erste Hundeausstellung Frankreichs statt, wobei die Hündin Charmante, die zu den Briards gezählt wird, gewann. Der Überlieferung (durch Gayot) nach wurde diese Hündin als Nachkomme einer an der Herde arbeitenden Briardhündin geboren und von Menschenhand aufgezogen.

Sie war eher klein, von brauner Farbe und soll das Hüten im Blut gehabt haben. Sie beherrschte das Arbeiten an der Herde, ohne jemals dazu angeleitet worden zu sein.

Als Ausstellungssiegerin wurde Charmante von dem Fotografen Léon Crémière fotografiert. Dieses Foto gilt als erstes gültiges Fotodokument eines Briards.

Die erste offizielle Eintragung eines Briards in das französische Zuchtbuch (L.O.F. - Livre des Origines Francaises) wurde der 1882 geborene schwarze Rüde "Sans Gêne", der dem Prinzen von Béarn gehörte.

1893 konnte offfiziell der Chien de Brie vom Chien de Beauce in Ausstellungskategorien unterschieden werden.

Im Jahr 1895 beschreibt L. Beckmann in seinem Buch "Geschichte und Beschreibung der Rassen des Hundes" den Briard und liefert damit die erste in Deutschland erschienene Publikation über den Briard.

1897 wurde in Angerville anläßlich eines Hirtenhundearbeitswettkampfes der erste, wenn auch noch recht spärliche Standard veröffentlicht.

DER URSPRUNG DES BERGER DE BRIE

Aus dem Gesagten wird deutlich, daß vieles aus der frühen Geschichte des Briards unklar ge-

Chenil de la Hulpe - Maci et Sapho, à MM. Lamarque et Verlinde.
Aus: Sédir, Le Berger de Brie, 1926.

blieben ist. Ein ebenfalls nicht gelöstes Geheimnis ist das der direkten Vorfahren des Berger de Brie. Es ist unklar, aus welchen anderen Hunderassen heraus sich der Briard entwickelt hat, bzw. welche anderen Rassen daran beteiligt waren, daß der Briard zu dem geworden ist, was er heute ist.

Überall, wo eine klare Antwort fehlt, leben Vermutungen und Spekulationen. In zahlreichen Werken werden der Beauceron, (der allerdings gleichzeitig in der Geschichte als kurzhaarige Variation des langhaarigen Briards, also als ein und die selbe Rasse bezeichnet worden ist), der langhaarige Griffon und die frühen, spanischen Treibhunde als Vorfahren des Briards genannt. Mégnin brachte die Vermutung an, daß sich der Briard unter dem Einfluß des Barbet aus ehemaligen Hirtenhunden entwickelte; bis heute ist diese Theorie am weitesten verbreitet. Jedoch verlieren sich auch die Ursprünge des Barbet im Dunkel der Zeit.

Es scheint sicher zu sein, daß in späteren Jahren für kurze Zeit der Collie in Briardlinien eingekreuzt wurde, um dem Briard ein - aus der damaligen Sicht - schöneres Fell zu verleihen. Das hat aber im Nachhinein betrachtet zu einigen Problemen in der Fellqualität geführt, da das lange, weiche Fell des Collies beim Briard nicht erwünscht ist. Die bisweilen schlechte Fellqualität (weich, wollig, fettig) kann auch wie der beim Briard nicht selten bei der Geburt vorhandene und später verschwindende weiße Brustfleck als Barbeterbe angesehen werden.

Unter Briardfreunden wird wohl immer weiter über die Abstammung des Briards diskutiert werden. Jedoch ist nicht zu erwarten, daß eine eindeutige Antwort auf diese Frage gefunden wird. Denn eine Überprüfung der Theorien der verschiedenen Fachleute ist heute kaum mehr möglich.

DER BRIARD IN DER LITERATUR, DER KUNST UND DER POLITIK

Der Briard ist in der Geschichte - von wenigen Ausnahmen abgesehen - immer ein Hund einfacher

Leute gewesen. Man fand ihn als treuen, fleißigen Begleiter der Schäfer und als Hofhund einfacher Bauern. Diese Menschen waren der Schrift nicht mächtig, so daß es lange Zeit keine schriftlichen Überlieferungen gab. Die Sprache der einfachen Leute dieser Zeit waren die Straßengesänge, Zeichnungen und einige wenige, andere Formen der frühen Kunst.

In den wenigen überlieferten Werken dieser Zeit ist auch bisweilen von den Hunden der damaligen Zeit die Rede. Jedoch war das Rassebild noch ausgesprochen uneinheitlich, da gute Arbeitshunde miteinander verpaart wurden, ohne dabei großen Wert auf Rassereinheit und ein homogenes äußeres Erscheinungsbild zu legen.

Da Aufzeichnungen im Laufe der Zeit verloren gegangen oder in Vergessenheit geraten sind, blieben uns nur aus den wenigen Berührungspunkten des Briards mit dem Adel bzw. der Politik wenige Überlieferungen erhalten.

So wird berichtet, daß Karl der Große um das Jahr 1.000 n. Chr. Briards besessen habe und mit Ihnen zusammen auf einem Wandteppich abgebildet wurde. Dieses frühe Dokument und wenige weitere aus frühen Jahrhunderten könnten allerdings noch nicht als Dokument des Brirds gesehen werden, sondern eher als eine Abbildung sehr früher Ahnen der französischen Hirtenhunde allgemein und damit selbstverständlich auch des Briards. Es wird gesagt, daß auch Napoleon Briards besaß, daß auch er mit seinen Hunden abgebildet wurde.

Mitte des 19. Jahrhundert, in der Blütezeit des Briards wurden viele Zeichnungen und ähnliches von den damaligen Briards angefertigt, einiges wurde uns überliefert, vieles aber wurde im Laufe der beiden Weltkriege zerstört. Ein Kunstwerk unserer Zeit ist in Autun in Burgund vor dem Rolin Museum zu finden, wo P. Latouche eine Plastik des Briards erstellte.

DER NAME BERGER DE BRIE ODER BRIARD

Der Vollständigkeit halber möchte ich hier von einer Legende berichten, die auf das Jahr 1371 zurückgeht: Der Sire d'Aubry wurde von einem Unbekannten vermutlich aus Neid ermordet. Sein Hund, der Zeuge der Tat geworden war, entlarvte viele Jahre später den Täter bei einem zufälligen Zusammentreffen durch ihm sonst nicht eigene Aggression.

Um Klarheit darüber zu erlangen, ob es sich bei dem durch den Hund Verdächtigten tatsächlich um den Mörder handelt, ordnete der König einen Zweikampf zwischen Hund und Mörder an. Der Hund siegte, der Mörder gestand seine Tat und wurde enthauptet.

Diese Heldentat findet man in mehreren Werken beschrieben. So existiert im Château de Montargis ein Gemälde über den Zweikampf. Im 19. Jahrhundert wurde von Pixerecourt ein Melodram "Der Hund von Montargis" verfaßt. Zu Ehren des Hundes war am Eingang der Kathedrale von Montdidier ein Wappenschild mit dem Kopf des "Chien D´Aubry" angebracht, welches aber im Ersten Weltkrieges zerstört wurde.

Eine immer wieder einmal zu hörende Vermutung ist die, daß der Name "Briard" vom französischen Verb "briller" (leuchten, scheinen) herrührt, was aber wohl kaum der Fall sein dürfte. Es gibt andere, die die Namensgebung auf die Vermutung zurückführen, daß der Hund möglicherweise aus der Ge-

Chiens de Travail. Aus: Sédir, Le Berger de Brie, 1926.

gend um Brie herum stammt. Auch an diesem Punkt kann man erkennen, daß Vieles über die Entwicklung des Berger de Brie noch im Dunklen liegt, jedoch kann mit ziemlicher Sicherheit gesagt werden, daß die Ursprünge des Briards nicht in der Brie-Gegend zu suchen sind.

Erstmalig tauchte der Name "Berger de Brie" 1809 in dem Cours d´Agriculture des Abtes Rozier auf. Die FCI (Fédération Cynologique Internationale), hat die Bezeichnung "Berger de Brie" als offizielle Rassebezeichnung eingeführt.

In anderen, der FCI nicht angeschlossenen Ländern, wie beispielsweise in Canada, wird der Berger de Brie offiziell als "Briard" bezeichnet.

Kapitel Zwei

Äußerliche Merkmale des Berger de Brie

Standard

Der mittlerweile sowohl im französischen als auch im deutschen Sprachraum gebräuchliche Begriff des (Rasse)Standards stammt aus dem Englischen und bedeutet hier soviel wie "Maß, Norm".

Er dient der vollständigen Beschreibung der für eine Hunderasse typischen Merkmale.

Hier der Standard der Fédération Cynologique Internationale (FCI), in der französischen Originalfassung vom 06. 05. 1988, der in seiner deutschen Übersetzung auch vom deutschen Dachverband (VDH) angewandt wird:

RASSESTANDARD FCI

Deutsche Übersetzung des Originalstandards für die FCI:

Annick Loew, Standardausschuß des VDH unter Mithilfe von Uwe Fischer

Ursprung: Frankreich

FCI-Standard Nr. 113 (D)

Allgemeines Erscheinungsbild:
Rustikaler Hund, geschmeidig, muskulös und gut proportioniert, mit lebhaften und aufgeweckten Bewegungen, von ausgeglichenem Wesen, weder aggressiv noch ängstlich.
Fehler: aggressiv, träge, ängstlich, abgestumpft.

Größe:
Rüden: 62 bis 68 cm,
Hündinnen: 56 bis 64 cm
Die Körperlänge muß größer sein als die Widerristhöhe. Der Briard ist länglich.
*Fehler:*quadratischer Hund: kein "vorzüglich". Größe mehr als 68 cm respektive 64 cm.
Disqualifikation: weniger als Mindestmaß und mehr als 2 cm überdem Höchstmaß. Hunde, die die Mindestgröße nicht erreichen, erhalten keine Zuchtzulassung.

Kopf:
Stark, lang, ausgeprägter Stop, der so plaziert sein muß, daß er vom Hinterhauptbein den gleichen Abstand wie von der Nasenspitze aufweist. Mit Haar bedeckt, welches Kinn-, Schnurrbart bildet, Augenbrauen verschleiern leicht die Augen.
Fehler: kurzer Kopf, zu lang, Disharmonie zwischen Fang und Schädel, Kopf unproportioniert im Verhältnis zum Körper, Kopf so behaart, daß seine Form nicht erkennbar ist. Kinnbart, Schnurrbart, Augenbrauen ungenügend, Stop zu ausgeprägt oder nicht vorhanden.
Disqualifikation: zu starker Ausprägungsgrad der genannten Fehler.

Stirn:
Sehr leicht gerundet.
Fehler: zu flach, zu stark gerundet, zu breit, zu den Augen abfallend.

Nasenrücken:
Geradlinig.
Fehler: zu lang, zu schmal, zu kurz, gekrümmt.

Fang:
Weder schmal, noch spitz.
Fehler: spitz, schmal oder zu breit, hängende Lefzen.

Nase:
Eher viereckig als rund, Nasenschwamm immer schwarz, kräftig mit gut geöffneten Nasenlöchern.
Fehler: kleine Nase, zusammengedrückt, spitz, anders als schwarz, Spuren von gefleckter Pigmentierung.
Disqualifikation: Nasenschwamm braun oder heller, sowie unterbrochene Pigmentierung.

Gebiss:
Stark, weiß, und perfekt schliessend.
Fehler: Fehlen eines Schneidezahns. Schadhafte Zähne, leichter Vor- oder Rückbiß, ohne Verlust des Bißschlusses. Fehlen eines Prämolars. Fehlen von 2 Schneide-

zähnen. Fehlen von 2 Prämolaren.
Disqualifikation: starker Vor- oder Rückbiß ohne Bißschluß. Fehlen von 2 x P4 oder dreier Zähne, gleich welcher Art.

Augen:
Waagerecht, gut geöffnet, eher groß, nicht schlitzäugig, von dunkler Farbe, mit intelligentem und ruhigem Ausdruck. Graue Augen bei einem grauen Briard sollen nicht bestraft werden.
Fehler: Augen zu klein, mandelförmig oder von heller Farbe.
Disqualifikation: ungleiche Augenfarbe, scheuer Blick, von zu heller Farbe.

Ohren:
Hoch angesetzt, vorzugsweise kupiert und aufrecht getragen, falls sie in ihrer ursprünglichen Form belassen wurden, eher kurz und nicht anliegend. Bei gleicher Qualität soll dem Hund der Vorzug gegeben werden, dessen Ohren kupiert aufrecht getragen werden. Die Länge des natürlich belassenen Ohres sollte die Hälfte der Länge des Kopfes nicht überschreiten, eher etwas kürzer, immer flach und mit langen Haaren versehen sein.
Fehler: zu lange oder schlecht getragene Ohren, zu kurze Behaarung.
Disqualifikation: eingerollte oder zu tief (unterhalb der Augenlinie) angesetzte Ohren, kurzhaarig, natürliches Stehohr, Knorpelimplantation.

Erscheinungsbild:
Muskulöser, gut von der Schulter abgesetzter Hals.
Fehler: zu langer, zu dünner oder zu kurzer Hals.

Brust:
Breit (eine Handbreite zwischen den Ellenbogen), lang und gut bis zu den Ellenbogen herabreichend.
Fehler: zu schmal, nicht genügend oder übermäßig herabreichend. Mangel an Tiefe, zu flach oder zu stark gewölbte Rippen.

Rücken:
Gerade.
Fehler: leichter Senk- oder Karpfenrücken.

Kruppe:
Wenig schräg, leicht gerundet.
Fehler: zu schräge oder flache Kruppe, diese Fehler noch stärker ausgeprägt, Kruppe deutlich höher als der Widerrist.

Läufe:
Gut bemuskelt, kräftige Knochen, senkrecht gestellt.
Fehler: schlechter Stand, lose Schultern, Schenkel leicht ausgedreht, Schwäche in den Vorderfußwurzelgelenken oder zu aufrechter Vordermittelfuß, Zehenstand. Schlechte Winkelung der Schulter, kurze Haare an den Gliedmaßen, dünne Läufe, schwache Knochen.
Disqualifikation: schwere Fehler im Stand.

Sprunggelenke:
Nicht zu nahe am Boden und so gewinkelt, daß der Hintermittelfuß nahezu senkrecht steht.
Fehler: zu weit entfernt oder zu dicht am Boden. Schlechte Winkelung.
Disqualifikation: Schwere Fehler im Stand.

Rute:
Unkupiert, gut behaart, am Ende einen Haken bildend, tief und nicht seitlich abweichend getragen. Sie muß bis zum Sprunggelenk reichen oder dieses um höchstens 5 cm überschreiten.
Fehler: etwas zu kurz, keinen Haken bildend, Behaarung zu kurz. Rute über der Rückenlinie getragen, unter dem Bauch getragen, in der Bewegung unter dem Bauch getragen.
Disqualifikation: über dem Rücken getragene Ringelrute oder senkrecht getragen (steif). Operationsspuren, die auf eine Korrektur zur Verbesserung der Rutenhaltung

schließen lassen.

Pfoten:
Stark, rund geformt, (zwischen Katzen- und Hasenpfote).
Fehler: zu lang, zu flach und platt. Auswärts oder einwärts gestellt, nicht genügend behaart.
Disqualifikation: schwere Standfehler.

Nägel:
Schwarz.
Fehler: graue Nägel.
Disqualifikation: weiße Nägel.

Ballen:
Hart.
Fehler: nicht elastisch, zu flach, zu weich.

Zehen:
Geschlossen.
Fehler: gespreizte, zu lange, zu flache Zehen.

Haarkleid:
Gedreht, lang, trocken (Ziegenhaar), mit leichter Unterwolle.
Fehler: nicht genügend trocken, leicht gelockt, fehlende Unterwolle. Für eine Zuchtzulassung in letzterem Falle für 6 Monate zurückstellen. Zu kurzes, zu feines Haar.
Disqualifikation: Haar kürzer als 7 cm, weiches oder wolliges Haar.

Farbe:
Alle einheitlichen Farben, außer den unten aufgeführten, sind zugelassen. Die dunklen Farben sind vorzuziehen. Nicht als Zweifarbigkeit anzusehen ist ein leicht hellerer Farbton an den Haarspitzen, der nichts anderes als eine beginnende Depigmentierung ist. Eine solche Farbe muß, nur ein wenig heller, im selben Farbton sein (dunkles Fauve auf hellem Fauve, dunkles Schwarz auf ausgewaschenem Schwarz, dunkles Grau auf hellem Grau, etc.). Das Fauve muß warm und einheitlich sein, weder hell noch ausgewaschen.
Fehler: schwarz mit zuviel rötlichem Schimmer, nicht genügend warmes Fauve, weißer Brustfleck. Zu stark charbonniert, an der Grenze zur Mantelbildung. Sehr helles oder ausgewaschenes Fauve.
Disqualifikation: die Farben Weiß, Kastanien- oder Mahagoniebraun, Bicolore, weißer Bruststreifen, weiße Haare an den Zehenspitzen. Fauve mit charboniertem Mantel. Zu helle Farbe.
Anmerkung: Beim Bicolore ist auf die Hautfarbe zu achten, die im Bereich der dunklen Partie bläulich und im Bereich der hellen Partie rosa ist.

Afterkrallen:
Doppelte Afterkralle an den Hinterläufen. Hunde, selbst von sehr gutem Typ, die nur eine Afterkralle aufweisen, können nicht prämiert und nicht zur Zucht zugelassen werden. Die doppelten Afterkrallen müssen aus zwei knochigen Teilen mit Nagel bestehen, so nah wie möglich am Boden angesetzt sein, um so eine bessere Auflage des Fußes zu gewähren.
Fehler: zu hoch angesetzt (auf halber Höhe des Hintermittelfus-ses), Fehlen von zwei Zehennägeln. Fehlen eines Knochens in einer doppelten Afterkralle.
Disqualifikation: einfache Afterkralle. Fehlen der Afterkralle. Fehlen von zwei Knochen in einer Afterkralle, auch wenn die Zehennägel vorhanden sind. Fehlen eines Knochens in je einer Kralle einer doppelten Afterkralle, auch wenn die Zehennägel vorhanden sind.
Anmerkung: Rüden müssen zwei offensichtlich normal entwickelte Hoden aufweisen, die sich vollständig im Skrotum befinden.

KOMMENTAR ZUM STANDARD

Gesamterscheinung

Der Berger de Brie gehört zu der Gruppe der französischen Hirten-

Der Briard in seinen typischen Farbschlägen.

hunde. Er ist ein mittelgroßer Hund, dem trotz seines rustikalen Aussehens eine gewisse Eleganz nicht abzusprechen ist. Er vereinbart Sanftheit und Kraft in sich.

In der Standardbeschreibung ist häufig die Angabe eines Mittelmaßes zu entdecken und immer wieder die Verhältnismäßigkeit des einen Körperteils zum anderen beschrieben, was ein insgesamt sehr harmonisches, ausgeglichenes Erscheinungsbild fordert.

Aufgrund seiner Aufgaben an der Herde durfte der Hund weder zu groß, noch zu schwer oder zu klein sein. Auch hier waren gute Proportionen gefordert. Ein zu schwerer Hund verliert an Wendigkeit, Schnelligkeit und Ausdauer, und ein kleiner Hund ermüdet zu schnell. Die breite, tiefe Brust ist eine Voraussetzung fur die dem Berger de Brie an der Herde abverlangte Laufleistung, für die ein starkes Herz und ausreichend großes Lungenvolumen von Nöten ist.

Der Briard zeigt eine kraftvolle Statur, die dennoch nicht massig wirkt. Auch wenn man es diesem starken, rustikalen Hund vielleicht auf den ersten Blick nicht anmerkt, unter seiner rauhen Schale verbirgt sich ein ausgesprochen anhänglicher, sanfter, liebevoller, aber auch liebebedürftiger Kern.

Farbe

Die Farbe des ursprünglichen Berger de Brie war von einem verwaschenen, ins Graue gehenden Schwarz. Im allgemeinen wählten Hirten Hunde, die sich durch ihre dunkle Farbe deutlich von den Schafen abzeichneten und erst im Laufe der Zeit entstanden weitere Farbschläge.

Die heute zulässigen Farben sind durch die Angaben im Standard geregelt. Wichtig ist die Einheitlichkeit des Fells. Grundsätzlich wird beim Briard eine dunkle Fellfärbung gewünscht.

Beim Schwarz handelt es sich nur selten um ein lackschwarz und auch das Fauve ist nicht mit einer eindeutigen Farbe wiederzugeben.

Der französische Begriff “fauve” bedeutet soviel wie falb, fahlrot. Die Farbpalette des Fauve reicht von einem hellen Falbton, der einem hellen beige nahekommt, bis zu einem warmen fahlrot. Das “fauve” erinnert an ein in den verschiedenen Gelb- und Rottönen schimmerndes, in der Sonne liegendes, abgemähtes Getreidefeld. Viele Briards der Farbe fauve sind als “fauve charbonnée” zu bezeichnen, wobei “charbonnée” zu deutsch "verkohlt" bedeutet. Die Bezeichnung geht auf einen Grauschleier zurück, der sich über das Fell zu legen scheint, weil die einzelnen Haare dieser Briards mit einer schwarzen Spitze versehen sind.

So wie die dunkle Augenfarbe wird auch die schwarze Fellfarbe dominant vererbt, was bedeutet, daß die Nachkommen einer reinerbig schwarzen Linie, bzw. der Kreuzung aus einem reinerbigen schwarzen Elternteil und einem wie auch immer genetisch gearteten anderen Elternteil ebenfalls schwarz sind. Wenn die Elterntiere aber gemischterbig sind, d.h., das genetische Material zur Ausbildung verschiedener Farben zur Verfügung steht, können im gleichen Wurf fauvefarbene und schwarze Welpen auftreten. Bei der Paarung von fauvefarbenen Elterntieren können immer nur fauvefarbene Welpen entstehen.

Das Grau ist eine Farbe, die erst in letzter Zeit an Bedeutung und Liebhabern gewinnt. In früheren Zeiten fanden graue Hunde keine Käufer und wurden meist schon früh getötet. Man unterscheidet graue, blaue und schiefergraue Briards. Die Grauen werden schwarz geboren und ergrauen progressiv: Zunächst an Bart und Brauen, dann an den Pfoten und am Rutenansatz, um dann im Alter von etwa 1 Jahr zu ergrauen. Die echten Grauen sind vor allem jung von uneinheitlicher Farbe, da sie "stückweise" ergrauen. Die Blauen werden im Gegensatz zu den Grauen bereits graublau geboren und sind deshalb auch meist über ihren ganzen Körper hinweg gleichmäßig gefärbt. Das Schiefergrau ist eine Farbe, die aus der Kombination von schwarzen und weißen Haaren herrührt. Diese Briards wirken in ihrer Gesamterscheinung meist dunkler als die Grauen oder die Blauen.

Ohren

Die Ohren des Berger de Brie sind nicht zu lang. Sie liegen nicht flach am Kopf an und sollen hoch angesetzt sein. Dies verhindert angeblich die bei vielen “schlappohrigen” Rassen häufig auftretenden Ohrenkrankheiten.

Der Standard weist bereits darauf hin, daß man dem Berger de Brie in seinem Herkunftsland in seinen ersten Lebenswochen die Ohren kupiert und ihnen durch ein bestimmtes Aufrichtungsverfahren Stand verleiht. Das Kupieren, d.h. das fachmännische Stutzen der Ohren, geschieht in Frankreich gewöhnlich im Alter von 6 Wochen unter Vollnarkose. Nach dem etwa 2 Wochen dauernden Abheilen der Wunden werden die Ohren für einen Zeitraum von mehreren Monaten über dem Kopf zusammengeklebt oder zusammengebunden, bis das Ohr durch Knorpelbildung von alleine aufrechten Stand erhält. Da erfahrungsgemäß gerade in der Zeit des Zahnwechsels erneut die Gefahr besteht, daß Ohren, die ihren kompletten Stand noch nicht erreicht haben, doch noch fallen und dadurch die ganze vorherige Mühe umsonst war, werden die Ohren zumindest bis zu dem Zeitpunkt, da der Zahnwechsel vollkommen abgeschlossen ist, zusammengebunden.

Nicht selten werden die Ohren des Berger de Brie von ehrgeizigen Züchtern bis zum Alter von etwa einem Jahr und mehr zusammengebunden oder -geklebt.

Der Vorgang des Kupieren, also die Operation selbst, ist für den Hund schmerzlos, jedoch ist mit dem operativen Eingriff noch lange nicht alles erledigt: Später erst beginnt das Abheilen der Wundränder mit der täglichen Nachbehandlung durch den Züchter.

Da der Welpe in dieser Zeit das positive Verhältnis zu den Menschen lernen und erleben muß, ist es nicht gerade von Vorteil, wenn er bei dem täglichen Kontakt zu den Menschen immer wieder neue, schmerzhafte Erfahrungen macht.

Es steht außer Frage, daß das Verhältnis des Welpen zum Menschen in dieser Zeit maßgeblich für sein Leben geprägt wird und somit in aller Regel auch - nur wegen dem ästhetischen Empfinden des Menschen - zum Schlechten hin verändert wird.

Ein weiteres Problem, von dem mir immer wieder berichtet wurde, stellt sich beim ausgelassenen Spiel des jungen Hundes mit seinen Artgenossen. Der Welpe verspürt Schmerz, wenn im Spiel an seinen Ohren gezupft wird. Da das Spiel junger Hunde nicht gerade zimperlich abläuft und der Kopf auch häufig Ziel der spielerischen Angriffe ist, stellen die zusammengebundenen, bzw. zusammengeklebten Ohren für den Welpen eine Behinderung dar.

Das Kupieren des Ohres hat einen nicht unbedeutenden Einfluß auf das einprägsame, markante, äußere Erscheinungsbild des französischen Berger de Brie. Dieser wirkt im Gegensatz zum unkupierten Berger de Brie aufmerksamer, pfiffiger und wachsamer.

Durch die runde Form des ku-

Trotz Kupierverbot in Deutschland wird der Briard mit Stehohren von der Mehrheit bevorzugt.

pierten Ohres scheint er zwar weniger angsteinflößend als Hunderassen, deren Ohren in spitzer Form natürlich stehen, oder in spitzer Form kupiert werden (Deutscher Schäferhund, Berger de Beauce,...), flößt aber dem Fremden doch mehr Angst und Respekt ein, als es der drollig und niedlich wirkende naturbelassene Briard mit seinen Hängeohren tut. Aber vergessen Sie nicht, daß diese Einschätzung nur auf dem äußeren Schein basiert. Das Beschneiden der Ohren wird niemals den Charakter des Hundes verändern.

In Deutschland ist das Kupieren der Ohren seit 1987 durch das Tierschutzgesetz eindeutig verboten.

Leider ist aber gerade bei deutschen Briard-Ausstellungen immer wieder festzustellen, daß Liebhaber der Rasse ihre Hunde aus dem Ausland importieren, um nicht auf dieses äußerliche Merkmal aus dem Ursprungsland des Berger de Brie verzichten zu müssen.

Bisher zumindest scheint es so, daß nicht nur der Ausstellungsrichter in Anlehnung an den Standard im Zweifelsfall (d.h. bei ansonsten gleicher Bewertung) für den kupierten Briard entscheidet, sondern auch der Geschmack der Berger de Brie-Freunde in diese Richtung weist; ein Gedanke, der meiner Meinung nach gründlich in die Zuchtgedanken derer einbezogen und überprüft werden sollte, die das Erscheinungsbild der Rasse prägen.

In der älteren Literatur kann man lesen, daß in früheren Zeiten vereinzelt fauve-farbene Briards auftauchten, deren Ohren natürlich standen. Diesem Phänomen wurde damals aber keine Bedeutung beigemessen, so daß die Möglichkeit durch gezielten Zuchteinsatz dieser Hunde zu den erwünschten Stehohren beim Berger de Brie zu kommen, um auf das umstrittene Kupieren verzichten zu können, verpasst wurde.

Heute ist leider sogar durch den Standard vorgeschrieben, daß Briards mit natürlichen Stehohren disqualifiziert und somit von der Zucht ausgeschlossen werden.

Eine im Grund absurde Sache, wenn man bedenkt, daß im gleichen Standard wenige Sätze vorher steht, daß bei gleicher Qualität dem Hund der Vorzug zu geben ist, dessen Ohren kupiert, aufrecht getragen werden.

Augen

Die Augen des Briards sollten laut Standard eher groß sein und von dunkler Farbe. Nur bei den grauen Briards wird eine Ausnahme gemacht und eine hellere Augenfarbe toleriert.

Viele Anhänger der Rasse behaupten, daß man dem Briard seine Gefühle von den Augen ablesen kann, weil er abgesehen von seiner Verschmustheit gerade über seine Augen Gefühle auszudrücken vermag.

Schade nur, wenn diese Augen durch die "Zuchtbemühungen" des letzten Jahrzehnts immer mehr von dichtem Fell verdeckt werden.

Mittlerweile hat die Mehrzahl der Züchter erkannt, daß eine zu lange und dichte Haarpracht zu schwerwiegenden Problemen führen kann und kommt von diesem Weg der Zucht - Gott sei Dank - wieder ab.

Vielleicht dachte die französische Schauspielerin Gaby Morlay an den liebevollen Blick ihres Briards als sie, über ihren Briard sagte, er sei "ein Herz mit Haaren drumherum ("Mon Briard, c`est un coeur avec du poil autour.").

In gewisser Weise trifft diese Bemerkung ins Schwarze, was Sie

Schon der Briardwelpe hat den vielgerühmten, ausdrucksstarken Briardblick.

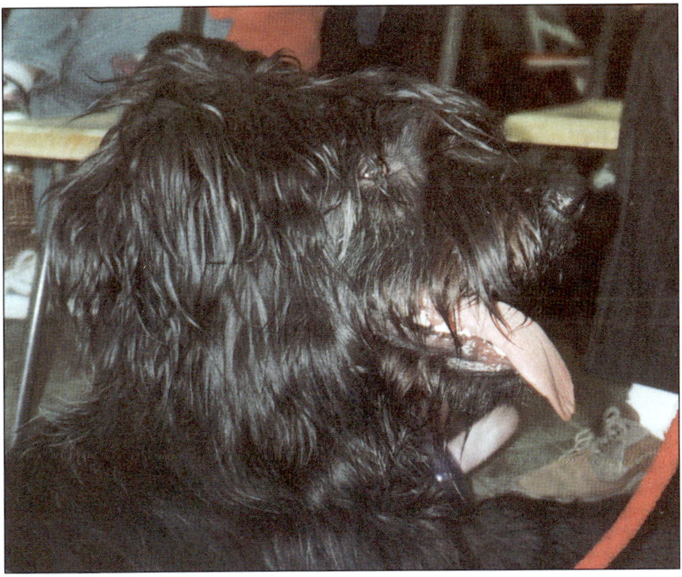

Wenn die Augen beim erwachsenen Brard nicht durch dichtes Fell verdeckt sind, können sie sehr viel ausdrücken.

auch daran sehen können, daß dieser Satz zu einer der meist zitierten Aussagen über den Berger de Brie geworden ist. Vergessen Sie aber nicht, daß in diesem Fell, welches das große Herz Ihres Briards umgibt, auch noch ein ebenso großer Schalk im Nacken sitzt.

Rute

Die Rute des Berger de Brie wird in keinem Land kupiert. Man legt großen Wert darauf, daß sie in Form eines "J" tief getragen wird. Hirten haben die natürliche Haltung der Rute als ein Indiz dafür eingestuft, wie temperamentvoll, bzw. wie arbeitswillig der Berger de Brie ist. Sicher ist, daß sie die Stimmung des Hundes ausdrückt und dem Hund in schneller Bewegung als Gleichgewichtshilfe dient.

Fell

Das Haarkleid des Berger de Brie ist charakteristisch für die Rasse. Es handelt sich um ein langes, lockeres Fell, das einen wollenen Eindruck macht, aber weitaus grober und rauher ist, als es scheint und somit an ein Leben in der Natur angepaßt ist. Es besteht aus dem rauhen Deckhaar und der weicheren Unterwolle.

Das einzelne Deckhaar ist zwischen 7 und 30 cm lang und rauh. Es wird als "Ziegenhaar" bezeichnet, wenn es auch nicht ganz so harsch ist wie das der Ziegen. Wenn Sie ein gutes Berger de Brie-Fell zwischen den Fingern reiben knirscht es. Es wirkt durch seine Struktur im Winter wärmend, aber im Sommer auch kühlend und ist pflegeleicht.

Ein weiteres typisches Merkmal des Briardfells ist der Mittelscheitel: Das Haar des Briards fällt, sobald es eine gewisse Länge erreicht hat, nach der rechten und linken Körperseite des Hundes herab und somit bildet sich in der Mitte des Rückens ein Scheitel, der sich auf der gesamten Körperoberseite des Hundes von der Rute bis zur Nase hin fortsetzt. Der einzige kleine Fellteil des Hundes, der nicht gescheitelt ist, ist der Bereich über den Augen des Briards.

Natürlich gibt es auch Bergers de Brie, die über eine weniger gute Fellqualität verfügen. Vor einigen Jahren wurde von verschiedenen Züchtern angestrebt, die Fellänge des Briards weiter zu steigern, auch wenn dies auf Kosten der dem Arbeitshund dienlichen rauhen Haarstruktur geschah. Dieses Fell ist eher wollartig, weich und seidig, was weder für den Arbeitshund noch für den Familienhund wünschenswert ist. Um ein derart weiches Fell vor dem Verfilzen zu bewahren, ist ein immenser Gedulds- und Arbeitsaufwand nötig.

Bei einem gut gepflegten Berger de Brie fällt das Fell in leichten Strähnen am ganzen Körper locker herab. Im Lauf umspielt es den Hund und unterstreicht die geschmeidigen, dem Hirtenhund eigenen Bewegungen.

Gang

Wenn Sie den Berger de Brie in seinen Bewegungen beobachten, werden Sie sich an die Bewegungen einer Großkatze erinnert fühlen. Sie sind federnd, elastisch und geschmeidig, beeindruckend durch die Leichtigkeit, mit der der Briard über den Boden zu gleiten scheint.

Die typische Gangart eines Hirtenhundes, der sich stundenlang an der Herde bewegt, ist der kurze Trab, bei dem der Rücken gerade bleibt. Er ermöglicht dem Hund ausdauernde und trotzdem wendige Beweglichkeit. Auch der Wolf bevorzugt für das Zurücklegen weiter Strecken diese Ausdauergangart.

Im Trab wird der Körperschwerpunkt des Hundes abwechselnd diagonal unterstützt, das heißt, die jeweils diagonalen Beine fußen gleichzeitig auf, wobei das hintere Bein mehr oder weniger genau auf den Abdruck des Vorderbeines trifft.

Weiterhin verfügt der Berger de Brie noch über drei andere Gangarten: den Schritt, den Galopp und den Paßgang.

Der Schritt, der durch eine pendelnde Seitwärtsschwingung des Rumpfes (aufgrund der Fußfolge und der daraus resultierenden Verschiebung des Körperschwerpunktes) charakterisiert ist, ist die langsamste Gangart des Hundes.

Der Galopp ist seine schnellste Gangart. Er erfordert aufgrund seines Aufbaus eine sehr hohe Hinterhandleistung und wirkt für den Hund schnell ermüdend.

Beim Paßgang wird der Körperschwerpunkt jeweils nur einseitig unterstützt, was zu der von Kamelen bekannten Schaukelbewegung führt. Die Veranlagung zu dieser Gangart wird vererbt, der

Die geschmeidigen Bewegungen des Briards werden durch sein fliegendes Fell noch unterstrichen.

Hund setzt sie zur Entspannung der Muskulatur im Wechsel mit dem Trab ein. Beim Ausstellungsbriard ist der Paß allerdings unerwünscht, obwohl es für die sich weiterhin hartnäckig haltende Vermutung, daß der Paßgang hauptsächlich von Hunden gezeigt werde, die eine Schwäche in der Vorhand aufweisen, bis heute keinerlei fundierten Anhaltspunkte gibt.

Wolfskralle

Ein ausgesprochen leidiges Thema, denn die Wolfskralle ist eine verkümmerte fünfte Zehe, die auf die sehr weit zurückliegenden Vorfahren unserer heutigen Haushunde zurückgeht. Sie wird auch "Daumenzehe" genannt.

Beim Briard ist sie an den Vorderextremitäten einfach, an den hinteren Extremitäten sogar doppelt (hervorgegangen durch Teilung der einfachen Wolfskralle) vorhanden. Der französische Verband legt großen Wert auf dieses Rassemerkmal, das im Standard festgelegt ist, auch wenn es nach den Angaben mehrerer Wissenschaftler bestimmt kein Rasseeinheitsmerkmal darstellen kann. Bei Gebrauchshunden ist die doppelte Afterkralle aufgrund des erhöhten Verletzungsrisikos sogar von Nachteil. Nach der Meinung der meisten Fachleute handelt es sich um eine Tradition, an der die Franzosen festhalten, ohne daß diese einen ästhetischen oder anatomischen Vorteil für den Berger de Brie darstellt.

Es wurde behauptet, daß in früheren Zeiten das Vorhandensein der Afterkrallen geschätzt wurde, weil es bei dem im Standard geforderten tiefen Ansatz der Kralle eine Vergrößerung der Auftrittsfläche des Hundes darstellt und dem Hund zum Beispiel beim Balancieren über die Schafsrücken in den Gattern Halt verschafft. Ob dies nun der Realität entspricht oder nicht, heute wird der Berger de Brie hauptsächlich in der Familie gehalten, beim Hundesport oder bisweilen als Arbeitshund eingesetzt. In allen Bereichen stellt die Afterkralle ein Verletzungsrisiko dar, und ich konnte bisher keinen Vorteil der Hunde mit Afterkralle gegenüber jenen ohne erkennen.

Über das Thema der Afterkralle gab es bereits vor vielen Jahrzehnten spektakuläre, wenn auch leider bisher erfolglose Diskussionen. Aus dem Jahre 1921 wurde überliefert, daß ein gewisser Professor Bouchet bemerkte, daß es sich bei der Afterkralle keinesfalls um ein Rassekennzeichen, sondern vielmehr um ein einfaches, sekundäres Merkmal handelt, welches zudem ein hohes Verletzungsrisiko für den Hund birgt.

1948 wurde in Frankreich wissenschaftlich bestätigt, daß die hintere, doppelte Afterkralle ohne Sinn ist, sogar eine Gefahr darstellt und nicht als objektiver Bewertungsmaßstab dienen kann. Weiterhin kann keinerlei Beweis für die Behauptung einer genetischen Koppelung der guten Hütehundeigenschaften mit dem Vorhandensein der doppelten Afterkrallen geführt werden.

Im Jahre 1980 wurde im Rahmen der Generalversammlung der FCI in Verona ein Rundbrief erarbeitet, der Ausstellungsrichter aufforderte, Hunde mit operativ entfernten Afterkrallen nicht zu disqualifizieren und die Ursprungsländer der einzelnen Hunderassen (im Falle des Briards also Frankreich) dazu aufforderte, die doppelten Afterkrallen nicht mehr im Standard zu verlangen.

Nichtsdestotrotz hat die Société Canine Centrale (SCC - französi-

SKIZZE A
Formen der Beschaffenheit doppelter Afterzehen, die keine Strafpunkte nach sich ziehen:

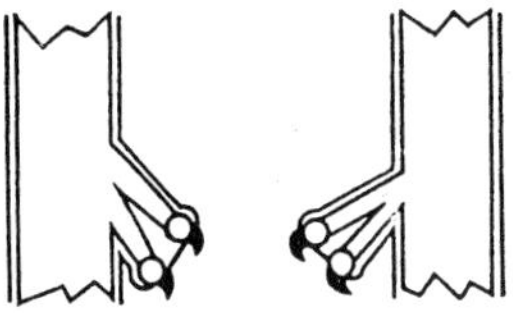

Afterzehen mit kompletten knochigen Teilen

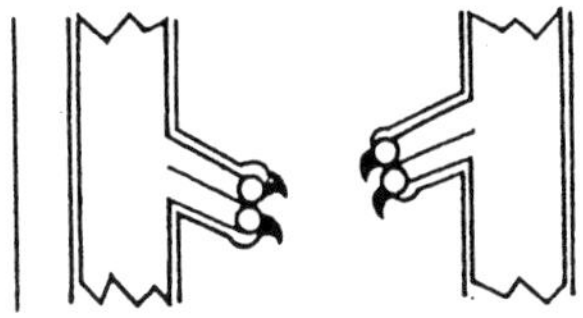

Afterzehen mit geschweißten oder „geklebten" knochigen Teilen

Afterzehen mit zwei kompletten knochigen Teilen und zwei einfachen Teilen, die mehr oder weniger lang sind, auch schwebende Afterzehen genannt.

SKIZZE B
Formen der Beschaffenheit doppelter Afterzehen, die Strafpunkte nach sich ziehen:

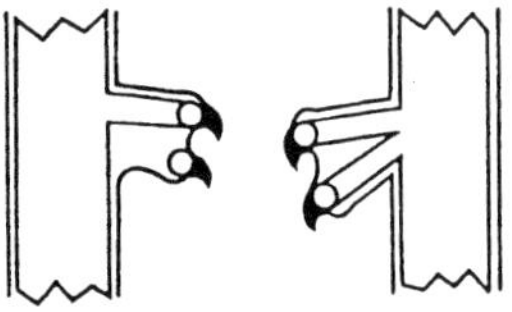

Eine leere Afterzehe, kein CAC

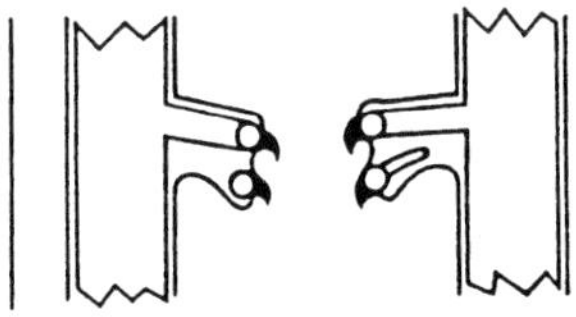

eine leere und eine schwebende, kein CAC

SKIZZE C
Formen doppelter Afterzehen, die eine Verweigerung der Zuchtzulassung nach sich ziehen:

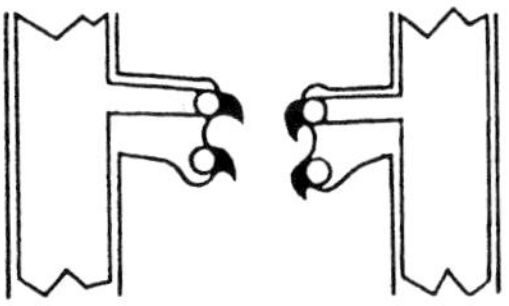

Fehlen eines knochigen Teils in jeder doppelten Afterzehe

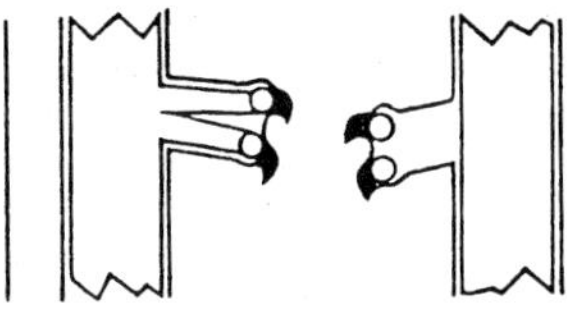

Fehlen von zwei knochigen Teilen in einer der Doppel-Afterzehen

scher, der FCI zugeordneter Rassehundezuchtverein) am 24.09.80 die neue Zuchtordnung des "Club des Amis du Berger de Brie" (Französischer Briardzuchtclub) anerkannt, in dem erneut das Fehlen der doppelten Afterkralle zur Disqualifikation und die fehlerhafte Afterkralle zu Sanktionen führt. Hier hat man sich also eigenmächtig über das im Rundbrief formulierte Anliegen der FCI hinweggesetzt und die weltweit gültige Meinung führender Kynologen übergangen.

Im Jahre 1981 wurde vom Schweizer Briard Club ein sehr harter und mutiger Rundbrief verfaßt, in dem die Rasseverantwortlichen in Frankreich aufs Härteste angegriffen werden.

Leider hat sich aber bis heute zu diesem Punkt auch im aktuellen Standard nichts geändert. Es ist mehr als bedauerlich, daß sich die Briardfreunde nicht zum Wohle der Briards zusammenschließen, um gemeinsam etwas zu Gunsten des Hundes verändern zu können.

Der Charakter des Berger de Brie

Zumeist sind Anhänger einer bestimmten Rasse geneigt, "ihre" jeweilige Rasse in den Himmel zu loben und die negativen Seiten zu verschweigen.

Meiner Meinung nach bringt dies aber den an der Rasse des Berger de Brie Interessierten nicht weiter, und so möchte ich hier sowohl auf die positiven Charakterzüge hinweisen als auch auf mögliche Probleme aufmerksam machen.

Viele Briardcharakteristika liegen in der jahrelangen, von Hirten vorgenommenen Selektion begründet. Man muß sich, ehe man sich mit dem heutigen Berger de Brie beschäftigt, fragen, welche Anforderungen über die Jahrhunderte hinweg an diesen Hirtenhund gestellt wurden. In Frankreich arbeitete der Hirte von jeher mit 2 Hunden an der Herde, der eine arbeitete streng nach Anweisung seines Herrn, der andere weitgehend selbständig. Beide mußten tagtäglich - bei Wind und Wetter - viele Kilometer an der Herde zurücklegen, drohende Gefahren erkennen und die Herde gegen diese verteidigen und gleichzeitig immer wieder die nicht einfache Aufgabe lösen, die Herde zusammenzuhalten sowie verlorene Lämmer zurückzuholen und viele andere Arbeiten zu verrichten.

Es versteht sich von selbst, daß ein solcher Hund ausdauernd, robust und widerstandsfähig, zuverlässig, arbeitswillig, mutig, lernfähig und intelligent sein muß. Auch ein gewisses Mißtrauen Fremdem gegenüber, gepaart mit einer natürlichen Wachsamkeit, ist erwünscht. Weiterhin mußten Eigenschaften wie Aggressivität, Schreckhaftigkeit, Angst oder Nervosität bei einem an der Herde arbeitenden Hund eliminiert werden.

Den harten Anforderungen, die über Jahrhunderte hinweg an den Berger de Brie als Gebrauchshund gestellt wurden, ist es zu verdanken, daß der Briard zu dem wurde, was er ist. Für den Hirten zählte nur die Leistung, das Wesen seines Hundes.

Seine Selektion war hart und unerbittlich und führte zu einem ausdauernden Hund, der bis heute wenig krankheitsanfällig und schmerzunempfindlich geblieben ist, der leicht lernt, sehr viel Ausdauer zeigt und von Natur aus sowohl seine Familie als auch Haus und Hof beschützt.

Auch die für die Arbeit an der Herde nötige enge Bindung an den

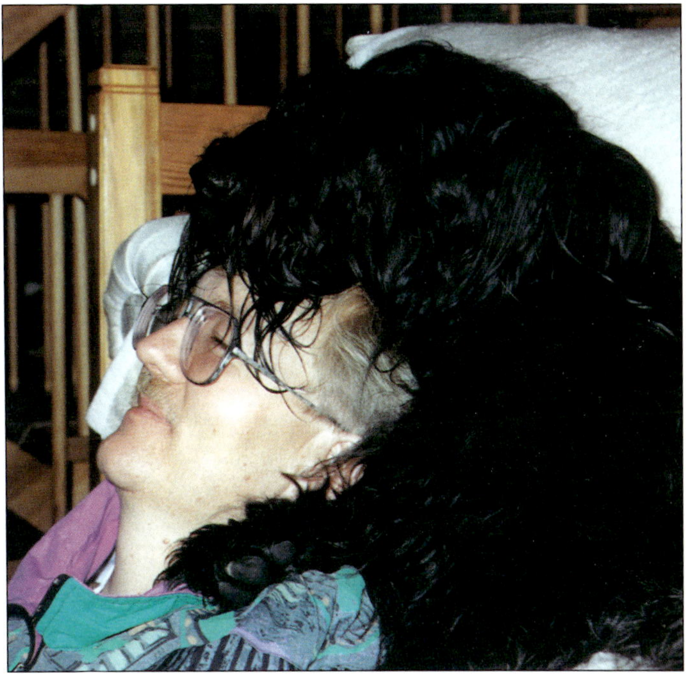

Der Briard sucht ständig die Nähe seines Herrn.

Herrn hat der Berger de Brie bis heute beibehalten.

Er ist anhänglich und treu und liebt seinen Herrn über alles; er trachtet danach möglichst immer an dessen Seite zu sein.

Im Haus wird er seinem Herrn unauffällig auf Schritt und Tritt folgen. Er wird sich nicht wohlfühlen, wenn man ihn alleine in den Garten schickt. Er wird sich voraussichtlich an die Tür stellen und geduldig warten, bis sein Herr ihn wieder zu sich läßt.

Anders ist es, wenn der Berger de Brie in diesem Garten eine Aufgabe zu erfüllen hat, dann wird er sich freudig daran machen, diese zur Zufriedenheit seines Herrn auszuführen.

Dem lernfähigen, arbeitswilligen, intelligenten und lebhaften Berger de Brie eine Aufgabe zu stellen, ist unerlässlich. Er braucht sie, um ausgeglichen und zufrieden zu sein.

Er ist ein Hund, der seinen Herrn, dessen Familie und Hab und Gut von Natur aus, also auch ohne weitere Anleitung, bewacht. Denn eben dies wurde von ihm auch an der Schafherde erwartet. Nur was damals die Herde und der Hirte war, ist heute die Familie.

Das an der Herde sicherlich nützliche Mißtrauen gegenüber Fremdem erweist sich beim Familienhund bisweilen als Nachteil, da es schnell in Angst oder Aggressivität umschlägt.

Dieses unerwünschte Verhalten kann in einer Stadt zu ebenso verheerenden Schwierigkeiten führen, wie es sie auch bei der Arbeit an der Herde mit sich gebracht hätte. Durch sehr verantwortungsvolle

Auswahl der Zuchttiere und eine gleichzeitig “briardgerechte” Erziehung können diese Probleme, die durch das bedingungs- und wahllose Vermehren von Hunden hervorgerufen wurden, aber immer mehr zurückgedrängt werden. Zuchttiere mit mangelndem Selbstvertrauen und unausgeglichenem Wesen müssen bedingungslos von der Zucht ausgeschlossen werden.

Ein weiteres Problem kann sich aus der sehr großen Sensibilität des Berger de Brie im Zusammenhang mit seiner Dickköpfigkeit ergeben. Seine Erziehung ist meist nicht einfach.

Ein Problem, das sich bei einen Berger de Brie so gut wie nie stellen wird, ist das Herumstreunen oder das Jagdfieber. Durch die enge Bindung an seine Herde bleibt der Hütehund in der Nähe seines Herrn und seiner “Herde”, wenn seine Beziehung zu seinem Herrn nicht schwerwiegend gestört ist.

In dem Moment, in dem ein Briard wirklich von zu Hause wegläuft (ohne ersichtlichen Grund, versteht sich), sollten Sie sich ernsthaft fragen, was Sie falsch gemacht haben und wie Sie diesen Fehler “wieder gut machen”.

Von Natur aus neigt kein Hütehund - und schon gar nicht der mit all seiner Liebe wie eine Klette an seinem Herrn klebende Briard - zum Streunen. Auch das Jagen und Wildern gehört nicht zu den briardtypischen Eigenschaften. Verständlich wohl, denn was soll ein Hirte mit einem Hütehund anfangen, der bei jeder Begegnung mit Wild wegläuft und erst nach Stunden abgehetzt zurückkehrt. Jegliche Neigung dazu wurde über Jahrhunderte züchterisch eliminiert und tritt heute nur noch sehr selten auf.

Der verspielte Briard neigt allerdings von Natur aus dazu, Dinge zu verfolgen, die sich bewegen, wenn ihm diese Art des Spiels nicht schon früh abgewöhnt wird. Es fällt schwer, den Charakter des Berger de Brie mit wenigen Worten eindeutig zu beschreiben. Nur zu häufig stößt man auf Beschreibungen, die sich scheinbar widersprechen, sogar gegenseitig ausschließen. Dies kann eine Folge der oft zitierten Einsatzweise des Briards sein.

Denn der Hirte soll den Berger de Brie für zwei völlig unterschiedliche Aufgaben eingesetzt haben, die dem Hund jeweils sehr verschiedene Eigenschaften abverlangten.

Durch die Kreuzung der Hunde untereinander, die sich für die jeweilige Aufgabe besonders gut geeignet zeigten, haben sich nebeneinander - der Überlieferung nach - zwei Typen des Berger de Brie entwickelt:

Einerseits der Hund, welcher die Herde unermüdlich umrundet, sich immer in Bewegung befindet und sehr viel Kraft, Eigeninitiative und Autonomie zeigen muß, und andererseits der, der an der Seite des Schäfers bleibt und nur auf dessen Anweisung hin eine Aufgabe ausführt. Diese einsatzbezogene Zucht zweier voneinander abweichender Briardschläge war für den damaligen Verwendungszweck sicherlich dienlich, bringt heute aber, da der Berger de Brie immer mehr zum "arbeitslosen" Haushund “verkommt”, bisweilen Probleme mit sich, wenn sich die einzelnen Charakterzüge in nicht immer vorteilhaften Kombinationen vermischen. Es ist auch von den Gesetzen der Genetik her wenig einleuchtend, wie ein solches Zuchtziel auch tatsächlich überhaupt erreicht werden könnte.

Hier ist in erster Linie das ver-

Richtig herangeführt, ist der Briard zu anderen Tieren freundlich und umgänglich.

antwortungsvolle und überlegte Handeln des Züchters gefragt, der sehr genau prüfen muß, welche Charaktereigenschaften er fördern will und welche im Gegenzug zu unterdrücken sind.

Es muß Aufgabe und Ziel eines jeden Züchters sein, einen für den Alltag tauglichen Hund zu züchten. Leider wird aber häufig darüber diskutiert, ob die schwere, massigere Form oder die leichte, zierliche die schönere Briardform ist und darüber vergessen, daß an erster Stelle das ausgeglichene Wesen und die Gesundheit des Hundes nebeneinander stehen sollten.

Bei einem Briard aus einer guten Zucht, sollten alle Voraussetzungen gegeben sein, um den Hund zu einem guten Familienhund zu erziehen. Hierbei ist es Aufgabe des Züchters, dem Wandel der Zeit Rechnung zu tragen und einen Briard zu züchten, der den Anforderungen der heutigen Gesellschaft gewachsen ist.

Eines ist allen Briards gemeinsam: Sie sind erst sehr spät wirklich erwachsen, durchschnittlich im Alter von 3 Jahren. Und fast alle Briards spielen bis ins hohe Alter gerne. Daher sind sie ein fröhlicher Gefährte für Menschen, die das ausgelassene Toben und Spielen in der Natur lieben.

Ich möchte an dieser Stelle noch

Nah ist dem Briard manchmal nicht nah genug.

einmal betonen, daß jeder Briard zur Entfaltung eines ausgeglichenen Charakters eine Aufgabe braucht. Es genügt nicht, ihm eine Sofaecke zuzuweisen, in der er seine unbestreitbare Schönheit entfalten darf. Zum Schmuck der eigenen Person oder der eigenen Vier Wände sollte man sich keinen Briard (und im Übrigen auch keinen anderen Hund) anschaffen.

Man braucht zur Haltung eines Berger de Brie auch nicht gleich eine ganze Schafherde, aber es gibt andere Möglichkeiten (auch in der Stadt !), dem Hund interessante Aufgaben zu bieten.

Kapitel Drei

Ihre Entscheidung für den Briard

Ist der Berger de Brie der richtige Hund für Sie?

Zum Schmuck alleine ist ein Briard sicher nicht geeignet, wenn man aber zusätzlich auf seine Bedürfnisse eingeht, ist alles in Ordnung.

IST DER BERGER DE BRIE DER RICHTIGE HUND FÜR SIE?

Vielleicht sollte ich die Frage anders stellen: Sind Sie der geeignete Besitzer für den Berger de Brie?

Nun im Grunde ist jede Form der Fragestellung nur zur Hälfte richtig, denn einen Berger de Brie besitzt man nicht wirklich, sondern man muß ihm ein seiner Liebe würdiger Partner und Rudelführer sein.

Der Briard ist dem ihm vertrauten Menschen ein anschmiegsamer Gefährte. Er ist glücklich, wenn er möglichst viel Zeit gemeinsam mit seinem Herrn verbringen darf. Aber er braucht auch Aufgaben, um nicht seelisch und körperlich zu verkümmern.

Im Grunde ist es egal, ob er in einem Haus mit großem Garten, oder in einem kleinen 1-Zimmer-Appartement leben soll. Der Berger de Brie paßt sich an nahezu jede Lebenssituation an, wenn er nur "dabei" sein darf und die nötige Bewegung und Beschäftigung hat.

So kann ein Briard, der in einer kleinen Wohnung ohne Garten, aber bei einem Menschen lebt, der ihm die Bewegung und Beschäftigung bietet, die er so dringend braucht, weitaus glücklicher sein als bei einem Menschen, der sich nicht weiter um seinen Hund kümmert, weil er über einen großen Garten verfügt, mit dem der Briard allerdings nicht viel anzufangen weiß, solange der Mensch sich nicht mit ihm dort beschäftigt oder ihm dort eine sinnvolle Aufgabe gibt.

Dies bedeutet, daß der Berger de Brie für einen Menschen, der die Bewegung liebt, besser geeignet ist als für einen Stubenhocker. Ideal sind für diesen Hund lange Streifzüge durch die Natur; Bewegung am Fahrrad liebt er ebenso wie neben dem Pferd. Und auch das Wasser scheut er meist nicht.

So lebhaft und fröhlich der Briard draußen in der Natur ist, so lieb, ruhig und unauffällig verhält er sich im Haus. Es ist zwar schwer vorstellbar, aber trotz seiner Größe stellt er auch in einer kleinen Wohnung kein Problem dar. Wenn Sie ihn nicht zu einem verwöhnten, verzogenen "Kind" heranziehen, wird er sich im Haus so unauffällig verhalten, daß er beinahe in Vergessenheit geraten könnte.

Jedoch ist der Berger de Brie ein langhaariger Hund, dessen Fell eine gewisse Pflege verlangt. Ungepflegt wird dieser gleichzeitig rustikal und anmutig wirkende Hund schnell zu einem verfilzten, stinkenden und gar nicht mehr schönen Etwas. Regelmäßiger Zeitaufwand ist also dringend nötig, wenn man sich für diese Rasse entscheidet.

Wenn der Briard auch ursprünglich ein Hund war, der wenig Fellpflege verlangte, so sollte man nicht vergessen, daß er einst ständig draußen lebte. Einerseits neigte er hier - durch Witterungseinflüsse bedingt - während des Jahres zu weniger starkem Fellwechsel, da er dem Wechsel den Jahreszeiten und damit der Temperatur ausgesetzt war (in diesem Fall treten wie bei Wildtieren deutlich abgegrenzte Phasen des Fellwechsels auf).

Heute ist das durch die gleichmäßige Wärme in unseren Häusern und Wohnungen nicht mehr der Fall. Der Fellwechsel geht mehr oder minder kontinuierlich über das ganze Jahr verteilt vor sich. Gleichzeitig sollte man aber auch berücksichtigen, daß in der heutigen Zeit in den Häusern eine weitaus größere Hygiene zum Lebensstandard gehört als es der Fall war, als der Briard noch in erster Linie Schafe hütete.

Um auch den Briard in dieses saubere Lebensumfeld einzugliedern, benötigt auch das perfekteste Briardfell regelmäßige, gründliche Pflege.

Eine weitere Frage die man sich gerade bei der Entscheidung für einen Berger de Brie ehrlich stellen sollte, ist die nach der eigenen Geduld. Man darf im Grunde niemals - während der nicht immer einfachen Erziehung - die Geduld verlieren . Verliert man sie, weil sich der Hund scheinbar grundlos widersetzt oder in anderer Weise nicht gehorcht, so verliert man in diesem Moment auch einen Teil des Vertrauens und der Liebe seines Hundes. Solche Erziehungsfehler werden von vielen Hunderassen verziehen. Der Berger de Brie dagegen ist gerade in dieser

Der Briard ist ein idealer Familienhund, wenn er seine Position im Rudel kennt.

Frage ausgesprochen empfindlich. Daher verlangt die Erziehung des Berger de Brie ein hohes Maß an Fingerspitzengefühl.

Ich bin der Auffassung, daß der Briard für denjenigen, der noch nicht in Kontakt mit Hunden gekommen ist, nicht der geeignete Ersthund ist. Es gehört schon eine gewisse Erfahrung und Sicherheit im Umgang mit Hunden dazu, um aus einem Berger de Brie einen angenehmen, unkomplizierten Begleithund zu machen. Wie nur wenige andere Hunderassen ist der Berger de Brie durch seinen Herrn form, aber auch verformbar. Der Berger de Brie verzeiht praktisch keinen Erziehungsfehler; er ist noch stärker als andere Hunde das Produkt seiner Erziehung.

Falls Sie nun trotz meiner Bedenken den Briard als ersten, eigenen Hund ausgewählt haben, kann ich das gut verstehen, möchte Sie aber bitten, vor der Übernahme Ihres Berger de Brie-Welpen auf einem der zahlreichen Hundeausbildungsplätze sowohl theoretische als auch praktische Erfahrungen im Umgang mit Hunden zu sammeln.

Zwar unterscheidet sich die Erziehung des Berger de Brie in wesentlichen Punkten von der vieler anderen Rassen (z.B. von der des Deutschen Schäferhundes). Allerdings wird sich Routine im Umgang mit Hunden verschiedener Rassen bei der Erziehung des Berger de Brie immer als hilfreich erweisen, wenn gleichzeitig briardbezogene Besonderheiten berücksichtigt werden.

Jeder Kontakt zu Besitzern eines Briard ist von Vorteil. Ich kann nur jedem angehenden Berger de Brie-Besitzer raten, Ausstellungen und Treffen eines Rassezuchtverbandes oder allgemeine Hundeausstellungen, an denen mittlerweile auch schon eine große Zahl an Briards teilnehmen, zu besuchen. Sprechen Sie dort mit den Leuten, sie werden Ihnen nützliche und interessante Tips geben können, und Sie haben die Möglichkeit, den Berger de Brie besser kennenzulernen.

Von diesen Kontakten kann man später, im Alltag mit dem eigenen Berger de Brie profitieren und nebenher können sich nette Bekanntschaften ergeben.

Ich hoffe mit den folgenden Ausführungen dazu beitragen zu können, daß jeder den Hund bekommt, den er sich wünscht; und dem Hund den Herrn zu verschaffen, den er verdient.

Was ist vor der Anschaffung zu bedenken?

Damit man mit Hilfe des erfahrenen Züchters den richtigen Hund für sich findet, muß man sich genau überlegen, wie man sich "seinen" zukünftigen Briard vorstellt. Man sollte sich über einige äußerliche Merkmale, die man sich wünscht, im Klaren sein.

Aber vor allen Dingen muß man über das Wesen, den Charakter, den der zukünftige Hund haben soll, klare Vorstellungen haben. Es existieren heute verschiedene Briardschläge, die entweder mehr dem schwereren oder dem leichter gebauten Briardtyp entsprechen, wobei aber die in früheren Zeiten recht eindeutig zugeordneten charakterlichen Merkmale heute doch leider wieder weitgehend vermischt sind.

Man sollte sich von einem verantwortungsbewußten Züchter beraten lassen, der seine Aufgabe ernst nimmt und bemüht ist, dem Neuling den für ihn richtigen Welpen zu vermitteln.

Kupiert oder unkupiert?

Die Entscheidung für einen kupierten oder einen unkupierten

Der Briard mit naturbelassenen Hängeohren.

Berger de Brie ist jedem selbst überlassen. Allerdings mit der entscheidenden Einschränkung, daß in Deutschland das Kupieren seit dem 1.1.87 per Gesetz verboten ist. Die etwas halbherzige Lösung erlaubt allerdings weiterhin den Import von kupierten Hunden aus dem Ausland. Im Ursprungsland des Berger de Brie Frankreich ist das Kupieren der Ohren in der briardtypischen, runden Form erlaubt und üblich und von dort werden sehr viele Hunde nach Deutschland importiert.

Dies geschieht zwar zuweilen auf Grund der langjährigen züchterischen Erfahrung der Franzosen mit ihrer Rasse, meist aber ist es einfach nur Sympathie der deutschen Briardfreunde für das drollige, aufgeweckte Aussehen der kupierten Stehohren oder das Hoffen auf größeren Erfolg bei Ausstellungen. Jedoch muß sich jeder angehende Briardbesitzer darüber klar sein, daß Fachleute das Kupieren der Ohren in Deutschland und in mehreren anderen Ländern zum Wohle und Schutze des Hundes verboten haben. Und dies geschah nicht ohne Grund!

Leider gibt der Standard des Berger de Brie bis heute an, daß bei gleicher Bewertung zweier Hunde der mit den kupierten Ohren zu bevorzugen sei. Eine Aussage, die zwar im Ursprungsland Frankreich durchaus ihre Gültigkeit haben mag, die in Deutschland und anderen Ländern, in denen das Kupierverbot gilt, aber dringend zu überdenken ist, da sie mit dem geltenden Tierschutzgesetz im Widerspruch steht und einen ernsthaften Nachteil für die deutschen Züchter darstellt.

Ich möchte mir hier kein Urteil darüber erlauben, was ein hübscheres Erscheinungsbild bewirkt, denn über Geschmack läßt sich bekanntlich streiten. Aber ich möchte an den züchterischen Ehrgeiz derer appellieren, die in einem Land züchten, in dem einerseits das Kupieren der Hundeohren verboten ist, andererseits aber immer noch viele Liebhaber der Rasse sich zur Anschaffung eines Berger de Brie an Züchter der Länder wenden, in denen das Kupieren noch erlaubt ist.

Hier sollte man sich meiner Meinung nach ein Beispiel an den Züchtern der Rasse des Bull Terrier (und einiger anderer Rassen mit natürlichen Stehohren) nehmen. Es fiel auch hier nicht leicht das erwünschte Stehohr, das früher durch Kupieren erreicht wurde, herauszuzüchten; aber was blieb den Züchtern anderes übrig, als sich spätestens in dem Moment, in dem sich das Kupierverbot durchsetzte, eine züchterische Lösung zu suchen! Sehr bedenklich ist, daß bis heute, trotz Kupierverbots in Deutschland von den offiziellen, dem VDH angeschlossenen Briardverbänden die genaue Anleitung zum Kupieren der Briardohren auf Anfrage herausgegeben werden und hiermit sogar in deren Literatur geworben wird.

Ich habe bereits im vorangehenden Kapitel darauf hingewiesen, daß sowohl das Verhältnis des Welpen zum Menschen als auch das zu seinen Artgenossen durch die auf das Kupieren folgende Phase der Wundnachbehandlung und der zusammengeklebten Ohren nachhaltig gestört werden kann. Ich hörte einmal von einem Welpen im Alter von knapp 6 Monaten, der wie aus heiterem Himmel nicht mehr mit anderen Hunden spielen wollte. Er verhielt sich ihnen gegenüber zwar freundlich, floh aber sobald diese ihn zum Spielen aufforderten. Da er vorher mit mehreren Hunden ausgelassen gespielt hatte, wurde zunächst der Gesundheitszustand des Hundes auf Herz und Nieren überprüft.

Die Untersuchung ergab, daß sich der Hund in einem sehr guten Allgemeinzustand befand. Ich muß zugeben, daß ich zufällig auf die Lösung des Problems stieß, als ich meinen ausgewachsenen Rüden beim ausgelassenen Spiel mit einer kleineren Hündin beobachtete. Hierbei biß die Hündin immer wieder in Hals und Ohren des Briards. Diesen störte das nicht weiter, da ihn ja sein dickes Fell schützt und wenn es ihm gar zu bunt wurde, beendete er das Spiel durch kurzes Knurren.

Da ich bei dem beschriebenen Welpen schon beobachtet hatte, daß er sehr empfindlich reagierte, wenn man ihn an den Ohren berührte, verfestigte sich mein Verdacht, daß er schmerzvolle Erfahrungen beim Spiel gemacht haben mußte. Es handelte sich um sehr verständnisvolle Besitzer, denen das Wohlbefinden ihres Welpen mehr am Herzen lag als das drollige Aussehen des Stehohrs beim Briard.

Sie schnitten die Klebeflächen

auf. Nach wenigen Wochen begann er wieder ausgelassen zu spielen. Die Besitzer förderten nun jeden Kontakt zwischen dem Junghund und anderen Hunden, die mit ihm spielen wollten. Und so wurde dieser Briard trotz allem noch zu einem "normalen" Hund, der allerdings bis heute sofort das ausgelassene Spiel beendet, wenn der Spielgefährte ihm in die Ohren zwickt.

Selbstverständlich sind so starke Probleme nicht die Regel, aber dieser Fall sollte dem Briardfreund dennoch zu denken geben.

Hündin oder Rüde?

Soll man sich für eine Hündin oder einen Rüden entscheiden? Der Rüde ist im allgemeinen selbstbewußter und selbständiger, wogegen die Hündin meist anschmiegsamer, anhänglicher und zärtlicher ist. Da ich bereits häufig für Rüden sehr abhängige und an den Herrn gebundene Briards erlebt habe, im Gegensatz hierzu aber auch schon durchaus eigenständigen Hündinnen begegnet bin, rate ich davon ab, aufgrund dieser wohl allgemein gültigen, aber für den Berger de Brie nur bedingt zutreffenden Regel zu entscheiden.

Der Briard mit zusammengeklebten, kupierten Ohren.

Vielmehr wirken sich auch heute noch die ehemals parallel gezüchteten Hirtenhundeschläge mit ihren charakteristischen Merkmalen der Unterwürfigkeit oder der Selbständigkeit und Unabhängigkeit aus, ohne hierbei einen entscheidenden

Unterschied zwischen Hündin und Rüde zu machen.

Allerdings wird die Hündin zweimal im Jahr läufig und muß in dieser Zeit von Rüden ferngehalten werden. Dies könnte ein Argument gegen eine Hündin sein. Es ist aber zuweilen auch recht schwer, einen Rüden zu beaufsichtigen, wenn in der Nachbarschaft eine läufige Hündin lebt. Man sollte auch bedenken, welche Hunde in der näheren Umgebung leben, bevor man sich für das eine oder andere Geschlecht entscheidet.

Dem Briardneuling möchte ich ungeachtet aller anderen Ausführungen zur Anschaffung einer Hündin raten. Die Hündin ist im Normalfall leichter erziehbar. Da der Berger de Brie, gleich welchen Geschlechts, den Neuling in seiner Entwicklung unweigerlich immer wieder vor kleinere oder größere Erziehungsprobleme stellen wird, halte ich es für sinnvoll, die Probleme so klein wie möglich zu halten.

Die Chance, einen schwierigen Hund zu "erwischen", ist bei der Wahl eines Rüden größer. Gerade die Ausbildung eines sehr dominanten Berger de Brie, der gleichzeitig aber das briardtypische "sensible Seelchen" besitzt, bringt Schwierigkeiten mit sich und ist nicht leicht zu bewerkstelligen. Bei der Hündin ist die Bereitschaft zur Unterordnung stärker ausgeprägt, was die Erziehung maßgeblich erleichtert.

Ebenso sollte man sich auf jeden Fall dann für eine Hündin entscheiden, wenn man nur den geringsten Zweifel am eigenen Durchsetzungsvermögen hegt.

Bis heute hält sich hartnäckig der Aberglaube, daß man eine Hündin mindestens einmal in ihrem Leben werfen lassen sollte, und auch der Rüde das zeitweilige Decken zur Entladung angestauter "Energien" braucht. Dies ist aber ein seit langem weitverbreiteter Unsinn. Es ist geradezu verantwortungslos, Hunde mitlerer oder auch schlechter Qualität zu vermehren. Die Rassezucht verfolgt das klar definierte Ziel der Optimierung der Rasse. Jeder Wurf, der produziert wird, ohne dieses Ziel zu verfolgen ist in meinen Augen nicht als Zucht, sondern als Vermehrung zu betrachten.

Es ist sicherlich für einen Tier- und Hundefreund ein ausgesprochen schönes und spannendes Erlebnis, niedliche Hundewelpen von Geburt an bis zum Abgabetermin großzuziehen und wachsen zu sehen. Aber waren Sie einmal im Tierheim? Haben Sie dort die zum Teil wunderschönen und noch sehr jungen Tiere gesehen, die sehnsüchtig auf ein neues Zuhause warten?

Es ist nicht einfach, züchterich zur Optimierung einer Rasse beizutragen, deshalb gehört die Zucht in die Hand von Fachleuten. Damit man mich an dieser Stelle nicht falsch versteht, möchte ich noch hinzufügen, daß ich absolut nichts gegen Mischlinge habe. Es gibt charakterlich einwandfreie und wunderschöne Mischlingshunde, nur gibt es davon auf dem Markt genug. Jeder, der einen Mischlingshund aufnehmen möchte, hat die Wahl zwischen großen, kleinen, jungen, alten, dicken, dünnen, schwarzen und weißen und noch vielen mehr. Es bedarf also nicht erst ungerichteter "züchterischer" Versuche derer, die nichts davon verstehen.

Dem Rüden oder der Hündin schadet es überhaupt nichts, wenn er oder sie auch ihr ganzes Leben lang nicht decken oder gedeckt werden. Auch im Wolfsrudel kommen bei Gott nicht alle Rüden

„zum Zug". Das Decken ist und bleibt dort das Privileg des Rudelführers: So sorgt die Natur dafür, daß genetisches Material der Besten weitervererbt wird! Wenn Sie aber gezielt oder durch Zufall in den Besitz eines für die Zucht der Rasse wertvollen Vertreters der Rasse des Berger de Brie gekommen sind, sollten Sie das Züchten in Betracht ziehen, hierbei aber immer den sachkundigen Rat eines erfahrenen Züchters berücksichtigen.

Die Farben

Wie bereits erwähnt wird der Berger de Brie in den Farbschlägen schwarz, fauve und grau gezüchtet. Es ist ausschließlich eine Frage des eigenen Geschmacks, für welche Farbe man sich entscheidet. Sowohl schwarze als auch fauvefarbene Hunde sind weit verbreitet, die grauen Vertreter der Rasse sind seltener anzutreffen, da sie bis vor einigen Jahren unbeliebt waren; sie gewinnen erst jetzt immer mehr Freunde.

Es würde hier den Rahmen sprengen alle Möglichkeiten aufzuzählen, wie sich das Welpenfell eines Briards verändern kann, denn nicht immer ist die Geburtsfarbe eines Berger de Brie auch seine spätere Fellfarbe. Im allgemeinen kann man davon ausgehen, daß ein im Alter von 10 Wochen schwarzer oder fauver Welpe diese Farbe tendentiell beibehält, und sie sich nur noch in ihren Nuancen ändern wird. In Ausnahmefällen, in denen die Welpenfarbe stark von der des erwachsenen Briard abweicht, wird Sie ein guter Züchter auf diese Besonderheit hinweisen.

Was die Helligkeit des Fells angeht, wird ihr Briard sicher einige Überraschungen für Sie bereithalten, denn bis er seine endgültige Fellfarbe nach etwa drei Jahren erreicht, wechselt seine Farbe oft mehrfach.Man kann beobachten, daß bei vielen Briards durch starke Sonneneinstrahlung und / oder Meerwasser das Haar stark aufhellt - wie es auch beim menschlichen Haar der Fall ist. Schwarze Briards bekommen unter diesen Umständen oft einen auffälligen Rotschimmer, der aber mit der Zeit wieder vergeht und nichts mit dem erblichen und von Geburt an vorhandenen, laut Standard unerwünschten Rotbraunton des schwarzen Berger de Brie zu tun hat. Wenn Sie Ihren Urlaub an der französischen Küsten verbringen, werden Sie Briards treffen, die das Baden im Meer lieben und somit in ständigem Kontakt zu Meer und Sonne stehen.

Kapitel Vier

Ein Briard tritt in Ihr Leben

Woher bekomme ich meinen Briard?

Was sollte man über den Hundekauf wissen?

Briardgerechte Erziehung

Alltag mit dem Junghund

Wichtige Erfahrungen, die der Hund machen muß

Fremde Menschen

Fremde Hunde

Andere Tiere

Bewegung und Spiel

Der Berger de Brie und das Kind

Die deutsche Clubgeschichte geht noch nicht sehr weit zurück. In Deutschland existieren zwei der FCI angeschlosse Vereine, die die Rasse des Briards betreuen: Der "Briardclub Deutschland" und der "Club für französische Hütehunde".

Diese beiden FCI - und damit auch VDH - angeschlossenen Vereine unterliegen somit den Regeln und der Kontrolle des VDH. Hierdurch wird dem Käufer eine gewisse Garantie gegeben, daß es sich um - nach den VDH-Richtlinien - einwandfreie Rassehunde handelt. VDH-Papiere gelten bis heute als Gütesiegel. Selbstverständlich kann man auch unter den Dissidenzvereinen (Vereine, die nicht dem VDH angeschlossen sind) Verbände finden, die gute Arbeit leisten, allerdings fällt es hier schwerer die Spreu vom Weizen zu trennen.

Unseriöse Züchter organisieren sich oft in Dissidenzvereinen, um zumindest seriös zu erscheinen. Gleichfalls organisieren sich aber auch wahre Fans und voll engagierte Hundenarren bisweilen in Dissidenzvereinen, um dort ihre Ideen mit vollem Einsatz verwirklichen zu können.

Bevor man sich für einen Hund aus einem Dissidenzverein entscheidet, sollte man sich aber darüber im Klaren sein, daß diese Hunde ohne VDH-Papiere nicht an den, von der FCI angehörigen Vereinen organisierten Ausstellungen teilnehmen dürfen. Ihre Papiere werden hier nicht akzeptiert.

WAS SOLLTE MAN ÜBER DEN HUNDEKAUF WISSEN?

Der Hundekauf ist, nüchtern betrachtet, ein Rechtsgeschäft. Die Beweislast liegt dabei immer beim Käufer.

Wie auch die Gesetzeslage sein mag, so ist ein Rechtsstreit ärgerlich und mit vielen Problemen verbunden. Ein verantwortungsvoller Züchter, wie man ihn in Rassezuchtvereinen organisiert findet, wird schon aus Gründen der Tierliebe danach streben, dem Käufer den richtigen Hund zu verkaufen, denn auch ihm liegt das Schicksal jedes einzelnen Welpen am Herzen.

Wenn man sich für einen Briard entschieden hat, ist es sinnvoll, sich an einen der Rassezuchtvereine zu wenden. Selbst, wenn man keine Ausstellungen besuchen und nicht züchten will, sollte man sich für einen Welpen aus einer anerkannten Zucht entscheiden.

Zwar kann es sich auch bei einem Welpen ohne Papiere um einen ausgeglichenen, erstklassigen Hund handeln, jedoch wird es Ihnen als Anfänger kaum möglich sein, dies sachlich zu überprüfen.

Leider ist nicht auszuschließen, daß man manchmal einen etwas weiteren Weg zurücklegen muß, um seinen Hund abzuholen, oder auch einmal eine gewisse Zeit warten muß, wenn gerade keine Welpen in der näheren Umgebung abzugeben sind. Jedoch sollte ein guter Briard seinem neuen Besitzer diese Mühen wert sein.

Nachdem man die in Frage kommenden Züchteradressen ausgewählt hat, setzt man sich mit diesen persönlich in Verbindung. Im Gespräch kann man sich darüber informieren, wie der Züchter seine Hunde hält, welches Verhältnis er zu seinen Hunden hat und nicht zuletzt wie sympathisch der einzelne Züchter ist. Dieser letzte Punkt ist gerade für den "Briardneuling" von Bedeutung, denn es ist von großem Nutzen, wenn man in den ersten Monaten mit dem jungen Hund den Rat eines erfahrenen Züchters einholen kann.

Man sollte sich grundsätzlich nur für einen Züchter entscheiden, der seine Welpen in engem Kontakt zu seiner Familie aufzieht, da der Kontakt, den der Welpe in den ersten Wochen zu den Menschen hat und das Verhältnis, das er zu diesen Kontaktpersonen aufbaut, sich für den Rest seines Hundelebens prägend auswirken wird.

Da der Berger de Brie bereits von seinen Anlagen her ein Fremdem gegenüber eher mißtrauischer Hund ist, ist gerade für ihn diese erste Phase besonders wichtig, um unerwünschtem Verhalten bereits im Keim entgegenzuwirken und vorzubeugen.

Wenn man sich erst für einen Züchter entschieden hat, sollte man sich dessen Hunde genau anschauen. Das äußere Erscheinungsbild des Berger de Brie ist gerade in Deutschland noch recht uneinheitlich, so daß man sich gut überlegen sollte, ob die Elterntiere dem Typ entsprechen, den man sich für den eigenen Hund vorstellt. Je näher beide Elterntiere - sowohl charakterlich als auch äußerlich- der Idealvorstellung kommen, die man sich vom eigenen zukünftigen Hund gemacht hat, desto besser stehen die Chancen, daß auch die aus dieser Paarung hervorgehenden Welpen dem eigenen Ideal entsprechen werden.

Da der Berger de Brie immer mehr Freunde gewinnt, ist es mei-

Man sollte nicht vergessen, daß der Briard schnell zu einer stattlichen Größe heranwächst und daher rechtzeitig mit seiner Erziehung beginnen.

stens nötig, daß man den Welpen noch vor seiner Geburt "vorbestellt". Man sollte dem Züchter genau beschreiben, wie man sich seinen zukünftigen Hund vorstellt, damit dieser bei der Auswahl des Welpen behilflich sein kann.

Nach der Geburt der Welpen ist es günstig, wenn man mit dem Züchter einen ersten Besuchstermin vereinbart. Vielleicht kann man sich mit seiner Hilfe direkt endgültig für einen Welpen entscheiden. Für diese Entscheidung sollte man sich Zeit nehmen, denn immerhin dauert ein Hundeleben 10-15 Jahre.

Ein gesunder Welpe hat trockene Augen und Ohren, feste Muskeln und ein einwandfreies, gesundes Fell. Es gibt einige wenige Merkmale, die auch dem Laien die Möglichkeit bieten, das spätere Aussehen des Welpen in gewissen Grenzen vorauszusehen. So verlangt der Standard dunkle Augen und doppelte Afterkrallen. Diese beiden Eigenschaften können bereits beim Welpen überprüft werden, denn sie verändern sich im Laufe der Entwicklung nicht mehr. Weiter sollten beim Rüden beide Hoden im Alter von 8 Wochen vollständig in den Hodensack herabgewandert sein.

Es ist ratsam auf gute Fellqualität zu achten: kurzes, rauhes, glattes Fell beim Welpen läßt vermuten, daß der ausgewachsene Berger de Brie mit dem standardgemäßen und pflegeleichten ziegenhaarartigen Fell ausgestattet sein wird. Das Fell des Briardwelpen ist allerdings von Natur aus weich. Es handelt sich hier noch um "Babyfell". Ein erster Fellwechsel findet etwa im vierten Monat statt, aber das "Ziegenhaar" läßt noch bis zu zwei Jahre lang auf sich warten. Für den Briardlaien ist es demnach nicht leicht das Fell des Welpen einzuschätzen. Ich kann nur raten bei einem besonders langen Welpen- oder Junghundefell skeptisch zu sein. Im allgemeinen gilt die Faustregel: Längeres Fell beim Welpen geht auf Kosten der Fellbeschaffenheit.

Bei den fauvefarbenen Welpen kann man von der Farbe des Welpenfells nicht auf die spätere Farbe schließen. Am nächsten an der endgültige Farbe des erwachsenen Berger de Brie liegt noch die Farbe des Welpenfells direkt am Fellansatz über der Haut.

Jedoch sollte man vor lauter Äußerlichkeiten nicht vergessen, daß das Wichtigste eben nicht das Aussehen, sondern der Charakter des Hundes ist. Je ausgeglichener der Welpe sich zeigt, desto besser ist er als Familienhund geeignet. Von ängstlichen Welpen sollte man immer "die Finger lassen", denn sie werden allzu oft mit zunehmendem Alter aggressiv oder bleiben ihr Leben lang ein "Angsthase".

Man kann auch noch einige Tests zur Hilfe nehmen, denen man die Welpen unterzieht, um einen Hinweis darauf zu bekommen, wie sie sich später entwickeln. Hierbei muß man allerdings bedenken, daß derartige Tests, wenn sie vom Laien durchgeführt werden, wirklich nur Hinweise geben können. Schon kleine Abweichungen in der Durchführung führen zu Verfälschungen des Ergebnisses und damit zu Veränderungen in der Beurteilung des einzelnen Welpen. Es ist oft hilfreich, einfach nur zu beobachten. Dies bedeutet, daß man sich zum Wurf begibt und unauffällig das Verhalten der einzelnen Welpen untereinander und gegenüber ihrer Umwelt beobachtet. Diese Beobachtungen können bereits sehr viel über die Grundanlagen eines Welpen aussagen.

Es ist mir klar, daß ich hier noch seitenweise Ratschläge geben könnte, nach welchem Schema man seinen Welpen auswählen sollte, kaum einer wird diese Ratschläge befolgen, wenn der große Moment gekommen ist. Die Aufregung und der Anblick der niedlichen, tollpatschigen Hunde lassen meist alle guten Vorsätze vergessen. Versuchen Sie dennoch einen klaren Kopf zu behalten. Und wenn Sie einen Züchter gefunden haben, dem Sie Vertrauen schenken, sollten Sie sich auf dessen Rat verlassen. Keiner kennt nämlich die Welpen und deren Wesen besser als er.

BRIARDGERECHTE ERZIEHUNG

Sie haben sich nun also einen Briard, einen kleinen, sehr verspielten, neugierigen und auch dickköpfigen Welpen "einge-handelt". Und wenn er auch noch so niedlich und tolpatschig ist, sollten Sie nie vergessen, daß dieser kleine Kerl schneller als Sie es glauben zu einem stattlichen, großen Hund herangewachsen sein wird. Und dieser ausgewachsene Berger de Brie mit dem angeborenen Dickkopf hat zudem auch noch einen sehr starken Charakter. Er wird sich einmal errungene Privilegien nicht mehr oder nur noch schwer streitig machen lassen. Also beginnen Sie sofort mit der Erziehung. Lassen Sie Ihrem Welpen keine Dinge durchgehen, die Sie ihm später untersagen wollen. Das Wichtigste, was ein Hund - gleich welcher Rasse -aber erst recht ein Hund, den Sie in ausgewachsenem Zustand nicht kurzerhand unter den Arm klemmen können, wenn er nicht hört, lernen muß, ist, daß sein Herr entscheidet, was getan wird und was nicht. Dies hat er in dem Moment begriffen, in dem er seinen Herrn als Rudelführer akzeptiert. Aber es kann auch nach geklärter Rang--ordnung immer wieder zu neuen Versuchen von Seiten des Hundes kommen, in denen er anstrebt, seine eigene Stellung zu verbessern. In diesen Situationen muß man seinem Hund in geeigneter Weise deutlich zeigen, wer der "Herr im Haus" ist.

Der Grundstein für eine gesunde Hierarchie wird in dem Moment gelegt, in dem Sie den Hund in Ihre Obhut nehmen. Weisen Sie ihn jetzt schon zurecht, wenn er Verbotenes tut, aber fangen Sie ihn immer emotional auf. Dies bedeutet, daß Sie ihn situationsbezogen maßregeln dürfen und es sogar tun müssen. Er muß dabei aber gleichfalls spüren, daß sich dieser Ärger ausschließlich auf sein Fehlverhalten bezieht, Sie ansonsten aber immer mit Ihrer ganzen Liebe und Fürsorge für ihn da sind. Vergessen Sie gerade bei den ersten Erziehungsschritten nicht, daß Sie sich für einen Briard entschieden haben, der trotz rauher Schale ein großes Sensibelchen ist und Ihre Liebesbekundungen dringend braucht.

Der zweite wichtige Punkt ist der, daß Sie Ihrem Hund Freude am Lernen vermitteln. Nur so kann der Berger de Brie die ihm angeborene Intelligenz auch nutzen. Hier wird der Grundstein bereits im dritten Lebensmonat gelegt. Motivieren Sie den kleine Kerl durch Spiel und Spaß und gelegentliche Belohnungen in Form von Leckereien, immer neue Erfahrungen zu machen und immer Neues zu lernen.

Durch gemeinsames Spiel, gemeinsame Abenteuer und Erlebnisse wird die so wichtige enge Bindung des jungen Briards an seinen neuen Herrn gefördert. Und glauben Sie mir, diese wird viel mehr vertieft, wenn Sie ihn so oft als möglich mit Spielen und Toben belohnen, als wenn Sie ihn ständig mit irgendeiner Form von Nahrung "vollstopfen". Von Natur aus ist Ihr Briard nämlich gar nicht so verfressen, er mußte sich an der Herde oft mit wenig zufrieden geben. Bewegung und die Beschäftigung mit seinem Herrn bedeuten ihm dagegen alles.

Es erfordert eine Menge Zeit, Geduld und vor allen Dingen Einfühlungsvermögen, einen Briard zu einem wirklich gut erzogenen Hausgenossen zu machen, der sich in jeder Situation zu benehmen weiß, aber diese Mühen werden belohnt. Haben Sie es einmal geschafft, so wird Ihr Berger de Brie das Gelernte nicht mehr vergessen. Sie selbst und auch Ihr Umfeld werden an einem wohlerzogenen Briard sehr viel Freude haben. Ein gut erzogener, wohlgepflegter Berger de Brie ist ein (fast) überall gerngesehener Gast, ein verfilzter, ungehorsamer dagegen ein Alptraum im Miteinander. Auch für Ihren Briard, der ja doch eines Tages von stattlicher Größe sein wird, bedeutet eine gute Erziehung letztlich einen Zugewinn an Freiheit. So mußte eine junge Frau, die sich ihre eigene Philosophie im Umgang mit ihrem jungen Briardrüden gemacht hatte, nach zwei Jahren erkennen, daß sie weder sich selbst, noch dem Briard einen Gefallen damit getan hatte, daß sie ihn im Grunde nicht, oder wie sie es bezeichnete "antiautoritär" erzogen hatte. Sie ließ den jungen Hund machen, was er wollte, nahm ihn aber in gefährlichen Situationen an die Leine, um Unfälle zu vermeiden.

In ihrer guten Absicht, den jungen Briard mit seinem sensiblen Seelchen auf keinen Fall zu "brechen", hatte dieser Briard nie seine Position im Rudel einzunehmen gelernt. Er war ein lieber, wenn auch recht unsicherer und dennoch dickköpfiger Kerl, der aber bedingungslos das tat, was er wollte. Die junge Frau konnte ihn ausgewachsen zunächst nur noch an der Leine spazieren führen, dann nicht einmal mehr das, weil sie ihn körperlich nicht mehr beherrschte.

Ein Briard, der nicht gehorcht, stellt für die Öffentlichkeit eine Gefahr dar, man darf einen solchen Hund niemals frei laufen lassen. Traurig für einen so bewegungsfreudigen, energiegeladenen Hund! Jeder Briardbesitzer sollte sich darüber im Klaren sein, daß die Erziehung des Briards gründlich und genau erfolgen muß, damit Herr und Hund eine glückliche Zeit miteinander haben können.

Wenn es Ihnen gelingt, Ihrem Berger de Brie diese Dinge zu vermitteln, werden Sie im weiteren Leben Ihres Hundes kaum mehr ernsthafte Probleme mit seiner Erziehung zu erwarten haben.

ALLTAG MIT DEM JUNGHUND

Es gibt einige wichtige Dinge, die man beim Umgang mit einem Hund bedenken sollte.

Ideal ist es, sich vor der Anschaffung eines Berger de Brie, einen Plan zu machen, was der Hund eines Tages können sollte und was er nicht dürfen wird. Diesen Plan darf man nie aus den Augen verlieren, denn die Erziehung des Hundes muß immer schrittweise erfolgen und auf ein bestimmtes Ziel hinauslaufen. Gerade beim Berger de Brie ist es wichtig, eine Richtung zu verfolgen und nie den Überblick zu verlieren. Er wird nämlich nur dann eifrig bei der Sache bleiben, wenn er weder über- noch unterfordert wird und eine klare Linie in seiner Ausbildung verspürt.

Dies kann aber selbst dem erfahrenen Ausbilder nur dann gelingen, wenn er zumindest vor seinem inneren Auge einen in Lernschritte gegliederten Ausbildungsplan verfolgt, der ein eindeutiges Ziel verfolgt.

Man wird als Anfänger in der Hundeausbildung immer die schriftliche Form wählen, denn es bleibt noch genügend Arbeit damit, diesen Plan der täglichen Verfassung des Junghundes und den unerwarteten Ereignissen (plötzliche Fortschritte, unerwartete Rückschritte,...) anzupassen. Jeder Plan, der einen Berger de Brie zum Ziel führen soll, muß individuell angepaßt sein. Man wird bei dieser Rasse niemals ein befriedigendes Ergebnis erreichen, wenn man nur nach einem Schema verfährt.

Und genau dieser Umstand macht die Erziehung des Berger de Brie so schwierig; aus diesem Grunde fällt es mir schwer, diese Rasse für Ersthundebesitzer zu empfehlen: Wie soll ein Neuling, der noch nicht einmal das Schema F der Hundeausbildung, wie man sie meiner Meinung nach weitgehend erfolgreich bei einem Deutschen Schäferhund anwenden kann, beherrscht, mit den Problemen fertig werden, die sich unerwartet bei der Erziehung eines Berger de Brie stellen. Seine Erziehung fordert eine große Flexibilität von dem, der sie vornimmt und muß immer auf das Individuum abgestimmt sein.

Ich weiß, daß man, wenn man sich erst einmal im Herzen für einen Berger de Brie entschieden hat, zu diesem Entschluß steht und eben dieser und kein anderer Hund her muß. Man sollte sich aber klar darüber sein, daß der Briard nur in den Händen seines Herrn richtig lernen kann. Es ist durchaus zu befürworten, wenn man sich als Anfänger von einem "alten Hasen" oder von einem anderen Fachmann bei der Briarderziehung beraten läßt, allerdings sollte man die Praxis der Erziehung immer selbst vornehmen. Es wäre nicht das erste Mal, daß ein Briardbesitzer voller Stolz ein Erziehungswochenende verläßt und überzeugt davon ist, daß er jetzt endlich einen braven, guterzogenen Briard hat, "weil er doch bei dem Ausbilder während dieses Wochenendes auch so gut gehört hat".

Um so größer die Enttäuschung, wenn nach der Rückkehr nach Hause in kürzester Zeit alles wieder so ist wie vorher. Merken Sie sich, daß nur Sie selbst Ihren Briard erziehen können, denn zu einer gelungenen Briarderziehung gehört das Zusammenwirken von Herr und Hund.

WICHTIGE ERFAHRUNGEN, DIE DER HUND MACHEN MUß

Der junge Hund wird durch Erfahrungen, die er in seiner "Jugend" macht, in seinem späteren Verhalten entscheidend geprägt. Diese Erfahrungen sind im späteren Leben nicht mehr nachzuholen, wenn sie zur richtigen Zeit versäumt wurden.

Auch schlechte Erfahrungen, die sich im Junghund in dieser Zeit festsetzen, sind später nur mit sehr viel Mühe, oder unter bestimmten Umständen sogar überhaupt nicht mehr gutzumachen. Wie bereits erwähnt wird der Briard mehr als viele andere Rassen durch seine Erfahrungen und die Erziehung durch seinen Herrn geprägt. Man muß daher sehr bedacht vorgehen.

FREMDE MENSCHEN

Sobald der Briard sich in seiner neuen Umgebung sicher fühlt, sollte man ihn mit Freunden und Bekannten konfrontieren. Im Grunde kann man die Kontakte des jungen Berger de Brie in den ersten Monaten nicht genügend fördern.

Der Berger de Brie ist ein Hund, der ein angeborenes Mißtrauen gegenüber allem Fremden und eine natürliche Neigung zur Wachsamkeit besitzt. Wenn man ihn nun in seinen ersten Lebensmonaten von allem Fremden fernhält, und er somit keinerlei positive Erfahrungen mit der ihm fremden Umwelt machen kann, wird er sich in seinem Mißtrauen bestärkt fühlen. Im Erwachsenenalter führt dies beim Berger de Brie nicht selten zu aggressivem, oder überängstlichem Verhalten gegenüber all dem, was ihm nicht bekannt ist. Dies ist unerwünscht, denn der ausgewachsene Berger de Brie soll sich seiner Umwelt gegenüber grundsätzlich freundlich und friedfertig verhalten. Auch ist es völlig falsch, den Briard in seinen ersten Lebensmonaten von fremden Menschen fernzuhalten, um einen guten Wachhund heranzuziehen. Ein unsicherer, ängstlicher Briard kann die Aufgaben eines bedachten und besonnenen Wächters nicht erfüllen, er wird unberechenbar und gefährlich. Ein gutes Verhältnis zu Menschen und das sichere Gefühl, daß von Menschen keine Gefahr ausgeht, gepaart mit dem natürlichen Mißtrauen des Briards, sind der Weg zu einem erfolgreich wachenden Briard.

Also nutzt man alle Gelegenheiten, die sich bieten, um den Junghund von Fremden anfassen und streicheln zu lassen. Der Hund muß lernen, daß ihm von Fremden nichts Böses droht. Allerdings ist es nicht ratsam, den Hund von Fremden füttern zu lassen, denn dies würde ihn später zum Betteln verleiten.

Nun darf man seinen Junghund aber nicht willkürlich auf jeden losstürmen lassen, denn auch wenn die positiven Erfahrungen für den Hund von großer Bedeutung sind, sollte man Rücksicht auf seine Mitmenschen nehmen. Selbst wenn von einem so jungen Hund keine Gefahr ausgeht, gibt es Menschen, die Hunde fürchten oder einfach nicht mögen. Man muß dies respektieren und seinen Hund nur zu den Menschen Kontakt aufnehmen lassen, die dies auch wünschen (und davon wird es mehr als genug geben).

Erst wenn der Hund sein positives Verhältnis zu den Menschen festigen konnte, sollte man ihn daran hindern, von sich aus auf fremde Menschen zuzugehen, parallel dazu aber weiter die positiven Erfahrungen fördern. Dies geschieht, indem man den Hund zu Kontakten mit Fremden auffordert, sie ihm aber auch bisweilen untersagt.

Falls der Berger de Brie ängstlich vor Fremden zurückschreckt, bestärkt und ermutigt man ihn durch gutes Zureden. Wenn er aggressiv gegenüber Fremden reagiert, was leider auch beim Berger de Brie auftreten kann, sollte man mit einer kurzen, aber unmißverständlichen Unmutsäußerung deutlich machen, daß man dieses Verhalten nicht wünscht. Sobald er sich dann ruhig verhält, darf man ihn zum Kontakt bestärken und aufmuntern, denn oft ist die gezeigte Aggression ein Zeichen von Unsicherheit.

Der Briard muß durch eine positive Grundeinstellung zum Menschen lernen, Berührungen Fremder zu tollerieren.

Dies gilt im Übrigen nicht nur gegenüber fremden Menschen. Man muß den Briard im Laufe seiner Jugendentwicklung mit möglichst vielen fremden Gegenständen und Situationen konfrontieren und immer nach dem oben für den Menschen ausgeführten Schema verfahren. Nur so verhindert man, daß der eigene Berger de Brie einmal zu einem mißtrauischen, unberechenbaren Tier wird. Dieses Problem tritt leider beim falsch aufgezogenen Berger de Brie häufiger in Erscheinung und ist in Ländern, in denen sich der Deutsche Schäferhund großer Beliebtheit erfreut, nicht selten darauf begründet, daß man die beim Deutschen Schäferhund erfolgreichen Erziehungsmethoden auf den Berger de Brie überträgt.

FREMDE HUNDE

Genauso wichtig wie der Kontakt zu Menschen ist für den Welpen der Kontakt zu seinen Artgenossen, um den richtigen Umgang mit ihnen zu lernen. Hierzu gehören Spiel, Angriff und Verteidigung. Man muß den Kontakt zu gleichaltrigen, wie auch den zu ausgewachsenen, erfahrenen Hunden fördern. Natürlich achtet man dabei darauf, daß der Junghund nicht an einen verhaltensgestörten Artgenossen gerät, der ihm Schaden zufügen könnte, aber dies bedeutet nicht, daß man ihn "in Watte packt". Er muß selbst Erfahrungen sammeln, um sich später artgerecht verhalten zu können.

Man sollte seinen Briard so oft wie möglich mit anderen Hunden spielen lassen.

Ich kann nur raten, daß man eine kleine Gruppe von Leuten mit Hunden aufbaut, die sich immer wieder trifft, um die Hunde miteinander spielen zu lassen. Einzelne Züchter organisieren derartige Spielstunden für die Welpen, die aus ihrem Hause stammen, allerdings ist dies beim Berger de Brie nicht immer zu realisieren, da der Welpe oft in weit entfernte Regionen verkauft wird. Auch örtliche Hundesportvereine organisiert Welpenspielstunden, an denen man mit dem jungen Briard teilnehmen kann.

Der Briard zeigt sich gegenüber anderen Hunden oft dominant und selbstbewußt. Dabei ist er aber kein Raufer.

Oft droht er kurz und wird durch sein sicheres Auftreten von seinem Gegenüber anerkannt. Der halbstarke Briard testet dagegen seine Kräfte. So berichtete mir eine junge Frau etwas unglücklich von ihrem Briardrüden, der im Alter von 10 Monaten während dem Freilauf auf dem Hundeübungsplatz immer wieder ältere Rüden unterwarf. Ein kurzes Knurren, und schon stand er über dem anderen Rüden und gewährte dem Unterlegenen minutenlang keine Bewegung mehr - und die Unterlegenen waren nicht selten Rüden im besten Alter.

Einmal abgesehen von der Tatsache, daß diese Frau sich mit ihrem dominanten Briard, der im übrigen nicht ein einziges Mal zugebissen hat, nicht nur Freunde machte, ist dieser Briard im täglichen Leben ein sehr ruhiges Tier, von ausgeglichenem Wesen, das keinerlei Anzeichen von Schreckhaftigkeit, Angst oder gar Aggression zeigt, solange seine Sicherheitsdistanz gewahrt bleibt; erst wenn diese unterschritten wird, warnt er mit einem kurzen Knurren. Auch wenn es einigen Hunde-

Es ist wichtig, bereits dem jungen Briard möglichst viele Kontakte zu Artgenossen zu ermöglichen.

unerfahrenen so scheinen mag, als wäre dieser Briard auf dem besten Weg zum bösen Beißer, so ist das nicht zwangsläufig der Fall. Bei richtiger Anleitung wird aus ihm einmal ein Hund, wie ihn sich die Briardzucht nur wünschen kann.

Um sich allerdings so selbstsicher verhalten zu können, muß auch der charakterlich beste Hund von klein an Kontakt zu Artgenossen haben wie eigene Erfahrungen machen können.

Ein Hund, der von sehr früher Jugend an nur auf den Menschen geprägt wurde, kann mit seinen Artgenossen wenig anfangen. Er wird deren Mimik, das Verhalten und die geltenden Regeln nur in einem sehr geringen Maß verstehen. Im günstigsten Fall nimmt ein derartig aufgewachsener Hund keine Notiz von seinen Artge-nossen, im schlimmsten Fall kommt es zu schweren Unfällen durch Beißereien!

ANDERE TIERE

Im Umgang mit anderen Tieren bereitet der Briard, richtig erzogen, keine Probleme. Man sollte bereits den jungen Briard an andere Tiere heranführen und ihm ruhig zeigen, um was es sich handelt. Jegliche Form der Aggression muß man mit einem bestimmten "Nein" quittieren, jede freundliche Zuwendung loben. Bald versteht der Briard, was von ihm verlangt wird und verhält sich anderen Lebewesen gegenüber freundlich. Hier kommt es ihm zu Gute, daß er von Alters her zum Hüten gezüchtet wurde. Er wird die ihm anvertrauten Tiere beschützen und ihnen nicht feindlich gesonnen sein. Es gibt, bei früher Gewöhnung und richtiger Erziehung, kein Problem, den Briard an andere Tiere zu gewöhnen. Und nicht selten entwickeln sich echte Freundschaften zwi-

Zusammenleben wie Katz und Hund.

schen dem Briard und den verschiedensten anderen Tieren.

BEWEGUNG UND SPIEL

Für die meisten Hunde ist der tägliche Spaziergang die übliche Form der Bewegung. Leider gibt es an vielen Orten keine Möglichkeit, den Hund ausgelassen toben zu lassen. Dies ist bedauerlich, da der Spaziergang im langsamen Schritt für den Berger de Brie auf Dauer nicht ausreicht.

Wenn man den Hund beim Spaziergang frei laufen lassen möchte, muß er gelernt haben, nur auf den befestigten Wegen zu bleiben und sowohl andere Spaziergänger als auch andere Hunde zu ignorieren. Im Grunde ist dies für einen Hund, der in der heutigen Zivilisation leben will, ein Muß. Es ist traurig, daß einige Hundehalter bis heute so uneinsichtig sind, daß die Fronten zwischen Hundehaltern und anderen, die den Wald zur Freizeitgestaltung nutzen, nicht abgebaut werden. Der Berger de Brie ist ein Hund von stattlicher Größe, vor dem einige Menschen Angst haben, und nicht jeder möchte seine Sonntagskleidung von unserem freudigen Jungbriard beschmutzen lassen.

Nehmen Sie auf Ihre Mitmenschen Rücksicht und seien Sie ein höflicher Briardhalter, der sich bei Fehlverhalten seines Hundes auch einmal entschuldigt.

Wie bereits erwähnt ist die bevorzugte Gangart des Berger de Brie der Trab. Man muß dies berücksichtigen, wenn man den eigenen Hund bewegt, und ihm diese Gangart ermöglichen.

Das kann man, indem man ihn zum Joggen, Radfahren oder Reiten mitnimmt. Dabei ist er ein idealer Begleiter. Man sollte ihn aber frühzeitig und richtig daran gewöhnen, ohne ihn zu überfordern. Da der Briard seinem Herrn um jeden Preis folgen möchte, wird der junge Hund möglicher-

Bisweilen ergeben sich reizende Tierfreundschaften.

weise seine Leistungsgrenzen nicht erkennen. Man muß als Besitzer darauf achten, daß der Hund sich nicht aus Übermut überanstrengt, oder gar verletzt. Da auf die Vordergliedmaßen, zum Beispiel bei der Landung nach einem Sprung, extreme Belastungen wirken, ist das unnötige Springen eines im Wachstum befindlichen Hundes zu vermeiden. Auch das Treppensteigen bringt eine hohe Belastung für den Junghund und sollte nicht unnötig von ihm gefordert werden. Das bedeutet nicht, daß man den Hund vor jeder Stufe auf den Arm nehmen muß, man darf ihn aber auch nicht jeden Tag

Kein Stock kann einem Briard zu groß sein, um ihn voller Stolz zu seinem Herrn zu tragen.

mehrfach die Treppen des Gartens hoch und runter hetzen, um den Spaziergang zu sparen. Sobald der Hund die Grunderziehung verstanden hat, kann man ihn an das Laufen neben dem Rad, dem Pferd oder dem Jogger gewöhnen. Dies bedeutet, daß man ihn einmal auf eine kurze Strecke mitnimmt, dabei aber ein sehr langsames Tempo wählt. Es geht hierbei noch nicht darum, den Hund zu trainieren, sondern vielmehr, ihn an das ruhige Nebenherlaufen zu gewöhnen. Sobald er dies verstanden hat, kann man ein kurzes, regelmäßiges Training beginnen, das aber weder zu oft, noch in zu schnellem Tempo durchgeführt werden darf. Vergessen Sie nie, daß der Berger de Brie erst mit etwa 1,5-2 Jahren zu voller Kraft herangewachsen ist.

Selbstverständlich sind die im Abschnitt "Der Briard als Gebrauchshund" dargestellten Sportmöglichkeiten ideale Formen, um dem Berger de Brie die Bewegung zu verschaffen, die er so dringend braucht, um seelisch und körperlich gesund zu bleiben. Es sollte für jeden Briardhalter eine Selbstverständlichkeit sein, daß er seinem Hund die nötige Bewegung bietet.

Jeder Hund, egal welchen Alters, muß auch spielen. Der junge Hund braucht das Spiel für seine geistige und körperliche Entwicklung, der erwachsene, um gesund zu bleiben.

Um einem Hund möglichst oft die Möglichkeit zu geben, ausgelassen spielen zu können, muß er Gehorsam zeigen. Nur so kann man ihn in gefährlichen Momenten bremsen oder zurückrufen, was die Voraussetzung ist, um dem Hund Freiheit zu gewähren.

Der Berger de Brie ist ein Hund, der viel Bewegung benötigt. Wenn man ihm diese nicht bietet, kann dies zu Verhaltensstörungen führen, die sich der Besitzer dann häufig nicht erklären kann. Man kann nicht oft genug betonen, wie wichtig es ist, daß der Berger de Brie aufs Wort gehorcht. Dies hat nichts mit militärischem Drill zu tun, sondern nur damit, daß man den Hund schützen und Ärger vermeiden sollte. Einen Berger de Brie, der auf jeden Spaziergänger wild bellend zustürzt, sich mit fremden Hunden beißt, wegläuft, hinter Autos oder Katzen herjagt,... kann und darf man als verantwortungsvoller Hundebesitzer nicht frei laufen lassen. An der Leine ist es aber kaum möglich, dem Hund die Bewegung zu bieten, die er braucht. Mit einem solchen Hund hat man nicht viel Spaß.

Eine sehr geeignete Methode, um dem Hund Bewegung und Spiel zu bieten, ist das Apportieren. Wenn man dem Hund das Holen und Bringen von Gegenständen von klein an schmackhaft macht, wird er dies als heißgeliebtes Spiel schätzen. Der Hund jagt begeistert hinter Stöcken, Bällen und anderen Gegenständen her, bringt sie zurück, damit man sie erneut fortwerfen kann.

Ich kenne keinen Berger de Brie, der dieses Spiel nicht nach kurzer Anleitung liebte, denn es vereinigt viele Dinge, die der Briard mag und braucht: er kann etwas für seinen Herrn tun und gleichzeitig in ausgelassener Form seinen Bewegungsdrang ausleben. Beim ausgelassenen Spiel mit Stöcken, kommt es aber leider immer wieder vor, daß der Hund sich durch Holzsplitter im Maul oder sogar im Rachen veretzt. Ebenso haben auch die so beliebten Tennisbälle eine schlechte Seite. Das Gummi dieser Bälle ist durch einen Weichmacher geschmeidig gemacht. Kaut der Hund nun auf diesen Bällen herum, löst sich der Weichmacher in Verbindung mit dem Speichel des Hundes heraus. Durch das Zusammenwirken des Weichmachers und der feinen Fasern, die sich an der äußeren Seite des Balles befinden, werden die Eckzähne des Hundes in relativ kurzer Zeit abgeschliffen und recht stumpf. Informieren Sie sich doch einfach im Zoofachhandel, dort sind alle angebotenen Spielgeräte auf die Bedürfnisse des Hundes abgestimmt.

Man kann natürlich auch Dinge des täglichen Lebens apportieren lassen: Zeitungen, Einkaufskörbe, Pantoffeln,.... Wenn man dem Hund beibringt, diese Dinge auf Anweisung herbeizutragen, wird er dies freudig tun, es wird für den Briard eine Aufgabe darstellen, die er genauso gewissenhaft für seinen Herrn erfüllt, wie er einst verlorene Lämmer zurückgeholt hat.

Eine weitere Spielmöglichkeit ist das Fangenspielen. Der Junghund wird von alleine hinterherlaufen und sehr schnell wird dies zum ausgelassenen Spiel. Man muß dem Hund aber verbieten, bei diesem Spiel den fortlaufenden Menschen an Körper und Kleidung zu fangen. Statt dessen bietet man ihm ein in der Hand gehaltenes Tuch, einen Stock oder ähnliches. Der Berger de Brie wird diese Regel schnell verstehen und sich dann auch daran halten.

Natürlich kann man auch selber den Hund verfolgen. Er wird ab dem Moment, an dem man ihm die Spielregeln vermittelt hat, freudig vor seinem Verfolger davon laufen und sich immer wieder umschauen, ob man ihm auch tatsächlich noch auf den Fersen ist.

DER BERGER DE BRIE UND DAS KIND

Das Thema "Hund und Kind" ist ein sehr schwieriges, aber umso wichtigeres, da in der heutigen Zeit der Haus- und Familienhund in nächster Nähe zum Kind lebt.

Solange der Berger de Brie selbst noch zu den Junghunden zählt, wird es zwischen ihm und dem Kind kaum zu Problemen kommen. Er steht selbst noch auf der untersten Hierarchiestufe im Rudel und wird das Kind als auf gleicher Stufe stehenden Spielgefährten schätzen. Anders kann dies werden, sobald der Hund beginnt, seine Macht und Kraft im Rudel auszutesten. Im Alter von etwa 1 Jahr wird der Berger de Brie versuchen, sich im Rudel durchzusetzen. Er akzeptiert möglicherweise plötzlich nicht mehr, daß das Kind ihm beispielsweise den erjagten Ball wegnimmt, er wird sich nicht mehr bedingungslos beim Toben herumschubsen lassen. Kurz gesagt, er wird sich langsam nicht mehr alles von den Kleinen bieten lassen. Der Hund wächst heran und fühlt sich dem kleinen Kind überlegen.

Nur folgerichtig und selbstverständlich wird er sich in der Rangordnung über diese "Welpen" zu stellen versuchen. Genau dieses Verhalten lebt der Herr des Hundes ihm ja auch vor und bestärkt ihn daher noch in seinem Bestreben: Das Menschenkind gehört zum Rudel und ist schwach. Es muß gewisse Regeln der Ranghöheren beachten und genießt dafür deren Schutz. Hier ist wieder der Herr im Haus gefragt. Er muß sowohl seinem Hund als auch dem Kind einige Regeln des Zusammenlebens beibringen, denn von dem Einhalten dieser Regeln hängt alles ab. Das Zusammenleben von Briard und Kind kann sich märchenhaft schön zu einem Erlebnis für das Kind entwickeln, das es sein Leben lang nicht vergessen wird. Es kann aber auch zu einem schlimmen Alptraum werden. Der Berger de Brie muß von Anbeginn an lernen, daß sein Herr es nicht duldet, wenn der Hund zu grob mit den Kindern spielt. Er darf mit Gegenständen wie Bällen und Ähnlichem mit dem Kind spielen, die eindeutig ihm und nicht dem Kind gehören. Auch das Kind muß wissen, daß es keinen Anspruch auf diese Dinge hat. Entweder der Hund bringt sie freiwillig und ist zum gemeinsamen Spiel bereit oder das Kind läßt ihn in Ruhe. Ebenso muß aber auch der Hund lernen, daß das Kinderzimmer für ihn tabu ist.

Dies ist die sicherste Möglichkeit, Unfällen vorzubeugen. Auch die Spielsachen des Kindes darf der Hund nicht anrühren. Jeder hat seinen eigenen, gesicherten Freiraum, den der andere akzeptieren muß. Das Kind bleibt in seinem Zimmer vom Hund unbehelligt, der Hund hat auf seinem Platz seine Ruhe vor dem Kind. Selbstverständlich müssen solche Regeln vom Rudelführer, also dem Erwachsenen aufgestellt und deren Ausführung gewährleistet werden, denn ein erwachsener Hund wird sich von einem Kind nichts sagen lassen, und das sollte man nie vergessen.

Der Briard ist ein dominanter Hund, der sich nicht gerne herumkomandieren läßt, wie es aber gerade kleine Kinder gerne mit ihrem Hund tun. Auch wenn dies alles vielleicht abschreckend klingt, so kann eine “Freundschaft” zwischen Kind und Hund dennoch sehr erfreulich verlaufen. Der Berger de Brie ist ein Hund, der ausgewachsen aufgrund seiner Körpergröße und seines Körperbaus - unter der Voraussetzung, daß man ihn bei der Aufzucht nicht allzusehr verweichlicht hat - auch einmal die etwas gröberen Avancen eines Kindes wegstecken kann. Im Grunde ist auch das Bedürfnis des Briard nach Spiel und Bewegung das gleiche wie das des Kindes. Beide wollen toben, raufen und spielen, so daß sich schnell Gemeinsamkeiten finden werden. Für Maß und Ziel der ganzen Sache ist aber der Rudelführer verantwortlich.

Ein Problem, das sich stellen kann, wenn Briard und Kind zusammen leben, ergibt sich, wenn andere Kinder zu Besuch kommen. Solange die Kinder friedlich spielen, wird der Berger de Brie freudig am gemeinsamen Spiel teilhaben. Sobald es aber zwischen den Kindern zu Streitereien kommt, wird der Hund "seine" Kinder unerbittlich verteidigen. Hierbei versteht er keinen Spaß, denn es ist für ihn nur natürlich, die Schwächeren seines Rudels oder seiner Herde gegen Angriffe zu verteidigen. Da bei kleinen Kinder aber häufig ausgelassenes Spielen in kleinere Streitereien umschlägt, ist diese Gefahr immer dann gegeben, wenn man den Berger de Brie leichtsinnig unbeaufsichtigt mit den Kindern läßt, solange auch noch andere, nicht zur Familie gehörende Kinder im Haus sind.

Es liegt in der Natur des Berger de Brie Lebewesen zu bewachen. Er arbeitet seit Generationen an der Herde und wird nun in seiner neuen Umgebung, der Familie, auch gerne die Aufgabe des Beschützers der Kleinen übernehmen.

In meinem Bekanntenkreis lebt ein Berger de Brie, der seine tägliche Aufgabe darin gefunden hat, die beiden Kinder der Familie tagein tagaus zur Schule zu bringen und sie von dort wieder abzuholen. Morgens geht er mit den Kindern aus dem Haus, geleitet sie bis zur Schule und läuft dann wieder nach

Kinder lieben die großen Zottelbären.

Hause. Die Mutter schickt ihn mittags zur rechten Zeit aus dem Haus und der Hund läuft wieder den etwa 2 km langen Weg bis zur Schule. Dort wartet er immer an der gleichen Stelle, bis "seine" Kinder das Tor der Schule verlassen, um dann gemeinsam den Heimweg anzutreten. Natürlich ist dies nur in ländlicher Umgebung möglich, da der Hund diese Aufgabe in einer Stadt aufgrund des hohen Verkehrsaufkommen nicht bewältigen könnte, ohne sich selbst in Gefahr zu begeben, aber für diesen Briard und die Kinder ist diese Aufgabe eine sehr schöne Sache. Die Kinder haben einen guten und zuverlässigen Gefährten, auf den sie sehr stolz sind, und der Hund kann eine Aufgabe erfüllen, die der einstigen Aufgabe der Briards nahe kommt. Für den Briard ist es kaum ein Unterschied, ob er nun eine Herde mit Schafen, oder die Kinder der Familie nach Hause "treibt".

Ich möchte bestätigen, daß der Berger de Brie ein sehr kinderfreundlicher Hund ist, und daß nahezu jeder Besitzer eines solchen schöne Geschichten über enge Freundschaften zwischen Briard und Kind erzählen kann. Aber gleichzeitig bitte ich den Hundehalter, sich verantwortungsvoll zu verhalten, denn nur so können Unfälle vermieden werden. Übersensible und sehr nervöse Hunde, wie man sie unter den Briards leider auch immer noch findet, darf man nicht in Kinderhände geben. Falls der Hund in einer Familie aufwachsen soll, in der auch Kinder leben, muß man dies bereits bei der Auswahl des Welpen berücksichtigen. Weiter sollte man keinen Hund unbeaufsichtigt mit den Kindern alleine lassen, wenn man nicht absolut sicher ist, daß das Kind die Regeln des Hundes akzeptiert und respektiert.

Ein Kleinkind darf man niemals mit dem Hund alleine lassen, denn es ist selbst nicht in der Lage, sich aus einer Gefahrensituation zu retten oder sie als solche zu erkennen. Zu einer Gefahr kann es aber auch mit dem friedlichsten und bravsten Tier kommen, wenn ungünstige Zufälle zusammentreffen. Im Alter von etwa 6 Jahren ist ein Kind in der Lage, die Zusammenhänge zu erfassen, und man kann es -nach Anleitung- auch mit dem Hund alleine lassen, wenn man sicher ist, daß das Kind verantwortungsvoll mit dem Hund umgeht, und man selbst den Hund für absolut sicher hält.

Leider habe ich erst im Nachhinein von einer Briardhündin erfahren, die durch ein "Mißgeschick", wie es der Besitzer bezeichnete, trächtig wurde. Nachdem die Welpen geboren waren, kam es zu einem folgenschweren Mißverständnis. In die Familie, in der auch diese Hündin lebte, gehörten drei Kinder, damals im Alter von drei, fünf und acht Jahren. Als die Welpen etwa 2 Wochen alt waren, zeigte das mittlere Kind stolz einigen Freunden "seine" Welpen. Es setzte sich über das Verbot der Eltern, die kleinen Welpen nicht anzufassen und aus ihrer Wurfkiste zu nehmen, hinweg.

Als das Kind den zweiten Welpen aus seiner Behausung herausnahm, begann die Hündin zu knurren, was sich zu einem deutlichen, bösen Drohen ausweitete. Gerade kam die Mutter, durch diese Geräusche alarmiert, hinzu, als die an sich kinderliebe Hündin nach dem Kind schnappte und sich schützend vor die beiden "entführten" Welpen stellte. Der Hund hatte zwar nicht fest zugebissen, allerdings ist die Haut eines so kleinen Kindes noch nicht sonderlich stabil. Der Kleine hatte einige blutende Schrammen.

Die Hündin aber wurde sehr mißtrauisch gegenüber Kindern, die in die Nähe ihres Lagers kamen und knurrte, sobald eines davon zu nahe kam. Ihr Todesurteil wurde gefällt, als sie nach einem Kind schnappte, welches in ihr Lager, in dem sich auch die Welpen befanden, griff, um einen Ball herauszunehmen. Die Hündin wurde nach diesem Vorfall als unberechenbar eingestuft und von einem Tierarzt eingeschläfert.

Es ist schade, daß ein Hund aus solchen Mißverständnissen heraus sterben mußte, obwohl alles hätte verhindert werden können. Hier hatte der Hundehalter allein den Fehler begangen, indem er die Kinder nicht ordnungsgemäß beaufsichtigt und sicherlich auch schon im Vorfeld einiges versäumt hatte. Die Hündin wollte nur instinktiv ihre Welpen schützen.

Das wichtigste ist, daß der erwachsene Hundehalter weiß, daß die alleinige Verantwortung bei ihm liegt. Er kann selbstverständlich einige Aufgaben unter seiner Kontrolle an das Kind übertragen. Der Hund wird auch bis zu einem bestimmten Grade lernen, auf das Kind zu hören, denn der Berger de Brie ist ein lernbegieriger Hund, dem Lernen Spaß macht und der gerne mit dem Kind spielt. Er muß von Anbeginn an lernen, daß sein Herr darauf besteht, daß er das Kind weder angreift, noch sich gegen es stellt. Dies ist für den Hund zu lernen, denn auf seinen Herrn sollte er ja, nahezu bedingungslos, hören.

Ein Berger de Brie kann auf diesem Wege auch begreifen, daß er dem Kind bis zu einem gewissen Grade gehorchen muß. Wenn das Kind gleichzeitig lernt, den Hund in Abwesenheit seines Herrn zu nichts zu zwingen, ist ein harmonisches Zusammenleben beinahe garantiert.

Der Briard sieht sich oft in der Rolle des Beschützers für die kleinen Kinder im Haus.

Kapitel Fünf

Der Briard als Gebrauchshund

Seine ursprünglichen Aufgaben

Neue Verwendungsgebiete und „Einsatzmöglichkeiten" des Briards als Gebrauchshund in der heutigen Zeit

Verschiedene Einsatzmöglichkeiten des Berger de Brie im Hundesport

Probleme bei dem Einsatz des Briards als Gebrauchshund

SEINE URSPRÜNGLICHEN AUFGABEN

In früheren Zeiten wurde Hunden, je nach ihren rassespezifischen Qualitäten, eine klar definierte Aufgabe zugewiesen. Der Mensch stellte den Hund in seinen Dienst und bot ihm dafür Nahrung und Heim.

Auch der Briard wurde nicht wegen seines lieben Wesens oder seiner rustikalen Schönheit gehalten, sondern diente dem Hirten als Gehilfe bei der Arbeit. Er bildete ihn aus und brachte ihm die Dinge bei, die an der Herde nützlich waren und die er von ihm erwartete. Hunde, welche die Anforderungen nicht erfüllten, wurden abgestoßen, was meist den Tod des Hundes bedeutete, weil die Menschen damals kein Geld übrig hatten, um unnötige Mäuler zu stopfen.

Im Laufe des letzten Jahrhunderts ergab sich so ein einheitlicheres Bild der Rasse des Briards. Jedoch ist es eine Besonderheit, daß sich diese Rasse, durch die verschiedenen Aufgaben, die ein Hirte an seine Hunde stellte, in zwei -zumindest früher einmal- deutlich unterschiedene Briardtypen aufteilt. Er brauchte einerseits einen kräftigen, ausdauernden und robusten Hund, der sich in ständiger Bewegung um die Herde herum bewegte, so die Tiere zusammenhielt und die Herde auch vor möglichen Gefahren beschützte. Er wird im Französischen als "chien de rive" oder als "chien d´écart" bezeichnet. Andererseits benötigte der Hirte aber auch einen kleineren, wendigeren Hund, der beweglich und schnell auf Anweisung des Hirten verlorene Lämmer zurückholte. Diese Hunde wurden als "chien de pied" bezeichnet und arbeiteten genau und vorsichtig, immer in Kontakt zu ihrem Herrn. Auch wenn es sich bei beiden Hunden um die gleiche Rasse handelte, so unterschieden sie sich doch laut der Überlieferung in Charakter, Aufgaben und Statur.

Mit der Zeit gewann der Berger de Brie auch Anhänger unter den sesshaften Menschen. Er bewachte die Höfe der Bauern oder half beim Transport von schwereren Gütern, indem er kurzerhand ähnlich den Zugpferden eingespannt wurde. In dieser Zeit begann auch die Vermischung der beiden Briardtypen. Aufgrund der Kreuzung der verschiedenen Briardtypen ist die Beschreibung des Briards bis heute schwierig und nicht eindeutig. Diese Vermischung war nur möglich, weil der Briard nicht mehr nur oder in erster Linie als Arbeitshund an der Herde gebraucht und eingesetzt wurde und so die Hütequalitäten nicht mehr in ihren fein differenzierten Schwerpunkten allein gefragt waren.

Während der beiden Weltkriege wurde der Berger de Brie an der Front eingesetzt. Hier wurde von den Menschen jede Hilfe, auch die des Hundes genutzt. Er "arbeitete" als Wach- und Meldehund, patrouillierte aber auch und erlangte Anerkennung als Sanitätshund an der Front. Der Briard wurde unspezifisch für alle anfallenden Dienste eingesetzt.

Leider ist der Berger de Brie in der modernen Gesellschaft in erster Linie zum Familienhund geworden; ein Faktum, dem man in der Briardzucht Rechnung tragen sollte. Ein Familienhund muß umgänglich und anpassungsfähig sein, um sich in die Gesellschaft einfügen zu können.

Gleichzeitig sollte der Briardbesitzer daran denken, daß er diesem Arbeitshund ein gewisses,

Der Briard war ein unverzichtbarer Gehilfe bei der Arbeit des Schäfers.

nicht unbedeutendes Maß an Beschäftigung schuldet. Hierbei ist der Fantasie des Halters keine Grenze gesteckt. Solange es ihm gelingt, dem Briard seine Aufgabe verständlich zu machen und ihm den Spaß an der Sache zu vermitteln, ist nahezu alles erlaubt. Nur darf die Aufgabe nicht darin bestehen, von morgens bis abends auf seinen Herrn zu warten, ebenso wieder von abends bis morgens, nur von einem kurzen Spaziergang “um den Block” unterbrochen. Dieses traurige Hundeleben wäre nicht im Entferntesten artgerecht.

Der Briard ist ein sehr anpassungsfähiger Hund, der aus Liebe zu seinem Herrn nahezu alles erträgt. Er wird auch ein Leben in der Sofaecke ertragen, jedoch sollte jeder Hundefreund seinem Hund ein solches Schicksal ersparen und sich vor der Anschaffung eines Hundes fragen, ob er ihm in seinen Ansprüchen genügen kann und will.

NEUE VERWENDUNGSGEBIETE UND “EINSATZMÖGLICHKEITEN” DES BRIARDS ALS GEBRAUCHSHUND IN DER HEUTIGEN ZEIT

Der Berger de Brie ist ein Hund mit sehr breit gestreuten Eigenschaften, so daß er in verschiedenen Arbeitsbereichen eingesetzt werden kann. Man darf dabei allerdings nicht vergessen, daß er ursprünglich nun mal ein Hütehund ist und ihm daher gewisse Arbeiten besser liegen als andere.

Sicherlich ist der Berger de Brie in der Lage, einen Karren wie etwa einen Leiterwagen zu ziehen, er kann dabei sogar viel Spaß haben. Jedoch ist er nicht für diesen Einsatz gezüchtet worden. Es gibt andere Hunderassen, wie beispielsweise die Schlittenhunde, die für solche Aufgaben ideal geeignet sind. Ich möchte damit sagen, daß es dem Briard sicherlich weniger schadet, eine artfremde Aufgabe zu erfüllen, als gar keine Aufgabe zu haben, jedoch sollte man immer bedenken, daß man zum ernsthaften Einsatz besser auf die Rassen zurückgreift, die für diese Aufgaben gezüchtet wurden. Es kann nicht Sinn einer jahrhundertelangen Selektion in Richtung verschiedener Einsatzgebiete sein, daß der Mensch heute versucht, alle Rassen ungeachtet ihrer Qualitäten in den verschiedensten Bereichen einzusetzen.

Es ist etwas anderes, wenn einzelne Briards einmal zum Vergnügen der Kinder vor den Wagen gespannt werden und so ihre Aufgabe darin finden, die Kinder der Familie spazieren zu ziehen. Dies könnte durchaus eine für alle Beteiligten sinnvolle und freudige Angelegenheit sein. Sobald das Lastenziehen aber zu einer Hauptaufgabe des Hundes wird, halte ich den Briard für den falsch gewählten Hund.

Gleichfalls hat es mich überrascht, daß man in deutschsprachiger Literatur zum Thema "Briard" lesen konnte, daß ein Jäger seinen Briard erfolgreich zum Jagdhund ausgebildet hat. Wenn man bedenkt, daß in der Selektion zum Hütehund gerade die Endhandlungen des Jagens (Zupacken, Töten) , aber auch das Interesse am Wild so weit als möglich unterdrückt worden sind, so halte ich eine derartige Ausbildung eines Briards zwar für eine bemerkenswerte Leistung des Jägers, allerdings nur so lange es sich um einen Zustand handelt, der sich zufällig ergeben hat. Ansonsten ist es sicherlich nicht wünschenswert, den Briard auf dem Gebiet der Jagd einzusetzen und dahingehend möglicherweise sogar in der Zucht auszuwählen.

Es gibt nur noch wenige ziehende Schafherden, und so hat der Briard seinen einstigen "Arbeitsplatz" verloren. Bisweilen darf er noch einen Bauernhof oder ein anderes größeres Gelände bewachen. Hier werden die Eigenschaften des Hirtenhundes gefordert, der auch seine Herde beschützte und gegen mögliche Angreifer verteidigte. Für diese Aufgabe ist der Briard gut geeignet, weil ihm das Verteidigen durch sein angeborenes Mißtrauen Fremden gegenüber sozusagen in die Wiege gelegt wurde.

Man muß ihn nicht lange zum Wachen anleiten, er bietet das gewünschte Wächterverhalten von alleine an, und so muß der Besitzer eines jungen Briards es nur in die richtigen Bahnen lenken. Wie bei jeder Erziehung muß er erwünschtes Verhalten fördern und unerwünschtes unterbinden, um sein Ziel zu erreichen, und es dem Briard zu verdeutlichen.

Einmal rief mich ein enttäuschter Briardhalter an, der mir sagte, daß er seinen jetzt 14 Monate alten Briard ausgewählt hätte, weil er einen guten Wächter für sein großes Grundstück suchte. Und jetzt tat der Briard einfach nichts. Als ich der Sache auf den Grund ging, erkannte ich, daß dieses Problem auf einem Mißverständnis zwischen Herrn und Hund basierte. Als der Hund noch klein und in den Augen des Herrn der Wächteraufgabe noch nicht gewachsen war, ärgerte sich der Besitzer über das helle Gebell des Junghundes, sobald Fremde das Werksgelände betraten. Auch in der Nacht ermahnte er seinen Hund streng, sobald er auch nur zum Bellen ansetzte. Es ist selbstverständlich, daß der Briard nun verstanden hatte, daß sein Herr es nicht wünscht, wenn er Wache hält. Er konnte nicht ahnen, daß er mittler-

Der Briard macht für seinen Herrn (fast) alles. Gelegentliches Wägelchenziehen kann für alle ein Spaß sein.

weile, da er zu einem stattlichen Briard herangewachsen war, plötzlich doch wieder bellen sollte.

Ich möchte dazu noch anmerken, daß er das Amt als Wächter sehr wohl ehrenvoll erfüllte, wenn sein Herr außer Haus war. Hieran erkennt man also deutlich, daß der Briard in Abwesenheit seines Herrn instinktiv das ihm angeborene Verteidigen des Reviers zeigte. Sobald der Rudelführer allerdings wieder anwesend war und somit seine Aufgabe übernehmen konnte, hielt er sich an dessen Anweisungen: nicht bellen, egal was geschieht. Es war ein Leichtes, diesem Herrn und seinem Hund zu helfen, denn nachdem der zum Bellen provozierte Hund einige wenige Mal -zu seiner großen Überraschung - in dieser Situation von seinem Herrn gelobt wurde, zeigte er das gewünschte und dem Briard angeborene Wächterverhalten.

Hieran sieht man aber auch, daß man zum Beispiel in einem Reihenhaus auch ohne größeren Aufwand das zu häufige Bellen, etwa wenn Besuch zu den Nachbarn kommt, unterbinden kann, wenn man dem Briard verständlich macht, welches Verhalten erwünscht ist und welches eben nicht. Ich wohne an einer Straße, an der häufig Spaziergänger vorbeigehen. Die Hunde laufen frei in Haus, Hof und Garten. Um Ärger zu vermeiden und meine Nerven zu schonen, habe ich meinen Hunden von klein an beigebracht, daß Passanten und alle anderen, die am Grundstück nur vorbei gehen oder davor stehen bleiben, zu ignorieren sind. Erst, wenn das Gelände betreten oder auch die Klingel betätigt wird, wünsche ich Meldung durch Gebell. Wenn Sie Ihrem Briard dies konsequent beibringen, wird er schnell verstehen, was von ihm erwartet wird.

Der Briard möchte eine Aufgabe erfüllen, er braucht diese Herausforderung, um gesund und ausgeglichen zu sein. Der Stadthund, der wie nebenbei das Haus oder die Wohnung seines Herrn - d. h. das gemeinsame Revier - verteidigt und bewacht, ist damit bei Weitem noch nicht ausreichend beschäftigt, geschweige denn ausgelastet. Der Briardhalter ist hier gefordert, seinem Hund weitere Aufgaben zu stellen. Jeglicher Gehorsam, den man von seinem Hund fordert, dient einerseits der Unterordnung und andererseits stellt er dem Hund eine Aufgabe, dient ihm als Beschäftigung.

In der heutigen Zeit ist der Zivilisationsmensch nicht mehr oder kaum noch auf die Mithilfe des Hundes angewiesen. Nur sehr wenige Hunde - egal welcher Rasse - stehen heutzutage im Dienste des Menschen, mal abgesehen von den vielen Hunden, die dazu da sind, dem Menschen die Liebe zu geben, die er woanders nicht findet.

Die Polizei, der Bundesgrenzschutz, die Sanitätsorganisationen, die Feuerwehr, Jäger und verschiedene Wach- und Schließgesellschaften stellen noch Hunde ein, auch Bauern haben bis heute den traditionellen Hofhund. Ansonsten finden Hunde in der heutigen Gesellschaft aber kaum mehr einen Tätigkeitsbereich. Das typische Arbeitsfeld des Briards ist eine aussterbende Branche, denn wie bereits erwähnt gibt es hierzulande immer weniger über Land ziehende Hirten. Somit findet der Briard kaum mehr einen Einsatz in seinem eigentlichen Bereich der Hütearbeit und er muß "umschulen", also einen neuen Arbeitsbereich finden, der seinen Fähigkeiten angepaßt ist. Hierzu gehört, wie bereits erwähnt der Wachdienst.

Im Umgang mit dem Briard als Gebrauchshund stellt sich das Problem, daß er häufig sehr nervös ist und sich nicht in stupide, eintönige Arbeiten pressen läßt. Der militärische Drill der Polizei- und Bundeswehrhunde ist nichts für den Briard. Er akzeptiert diese Art des Gehorsams nicht und unterwirft sich nicht in dieser Form. Sobald dieser Gehorsam ihm aber mit großem Druck gegen seinen Willen abverlangt wird, reagiert er mit Aggression oder Panik. Es gibt auch hier Ausnahmen, aber im Allgemeinen ist eine Aufgabe, die von Monotonie und Wiederholung geprägt wird, nichts für den Briard. Es gilt weiter zu bedenken, daß es nur wenige Briards gibt, die ein dermaßen stabiles Nervenkostüm haben, daß sie auch in einer großen Demonstrantenmenge ruhig und gelassen bleiben und auch noch freudig ihren Dienst erfüllen. Dies ist sehr schade, denn es liegt sicherlich nicht in der Natur des Briards begründet, sondern eher in der in den letzten Jahrzehnten eingeschlagenen Zuchtrichtung, die leider immer mehr in Richtung Schönheit und Ausstellungserfolge gelenkt wurde, statt sich mit vollem Einsatz auf dic wirklich wich tigen Seiten, nämlich den wichtigen Wesensmerkmalen des Hundes zu konzentrieren. Es scheint aber Gott sei Dank, als hätten viele Züchter mittlerweile die aus einer rein auf Äußerlichkeiten gestützten Zucht resultierenden Probleme erkannt und sich auf das Wesentliche be-sonnen.

Man hört häufig von durchaus erfahrenen Hundeausbildern, daß der Briard für ernsthafte Arbeit nicht geeignet ist. Nun schützt natürlich auch Erfahrung nicht vor Fehleinschätzungen, aber es erscheint doch mehr als abwegig, zu glauben, daß ein Arbeitshund, wie es der Briard nun einmal ist, zum Arbeiten nicht geeignet sein soll. Der Hund selbst unterscheidet schon einmal grundsätzlich nicht zwischen ernsthafter und anderer (überflüssiger?) Arbeit. Im Vergleich zum Deutschen Schäferhund allerdings ist der Weg, wie man einen Briard zum Arbeiten animiert, grundsätzlich anders und ich vermute, daß die Aussage dieser "erfahrenen Ausbilder" eben darauf zurückzuführen ist, daß wieder einmal versucht worden ist, einen Briard nach dem für den Deutschen Schäferhund sicherlich bewährten und zum Erfolg führenden Schema auszubilden. Ein Versuch, der alleine aufgrund des verschiedenen Wesens dieser beiden Rassen auf den Briard angewendet, fehlschlagen muß.

Zweifellos gibt es Aufgaben, die dem Briard besser liegen und andere, für die andere Hunderassen geeigneter erscheinen. Aber im Gegensatz zu vielen Menschen empfindet der Briard Arbeit keinesfalls als Belastung. Durch seine Vielseitigkeit kann er in vielen Arbeitsbereichen immer wieder gute Erfolge verbuchen, und es ist anzunehmen, daß dies auch in Zukunft so sein wird. Der Briardhalter sollte sich keinesfalls durch falsche Ratschläge selbsternannter Spezialisten davon abbringen lassen, mit seinem Hund zu arbeiten und ihm eine sinnvolle Aufgabe zu geben.

JEDER, der sich einen Berger de Brie anschafft, sollte sich darüber klar sein, daß er dem Hund ein Mindestmaß an Beschäftigung bieten muß. Man kann seinen Hund selbst beschäftigen, indem man jeden Tag mit ihm übt und ihn also immer wieder kleine Aufgaben erfüllen läßt. Hiermit fühlen sich viele Briardhalter aber überfordert und ziehen es daher vor, einem Hundeverein beizutreten. Ein sinnvoller Entschluß, solange gewährleistet ist, daß in dem jeweiligen Club individuell auf den einzelnen Hund und seinen Besitzer eingegangen wird. In den Hundevereinen werden heute unter dem Begriff "Hundesport" vielfältige Angebote gemacht, aus denen sich eigentlich jeder etwas Passendes für sich und seinen Hund aussuchen kann.

Natürlich spricht nichts dagegen, wenn man sich einer Gruppe anschließt, die aus mehreren Hundehaltern besteht und sich wöchentlich zum gemeinsamen Üben trifft.

Jedoch sollte man sich dabei darüber klar sein, daß dies in den allermeisten Fällen nichts mit zielgerichteter Arbeit zu tun hat. Bleiben Sie bei solchen Vereinen oder ähnlichem immer auf der Hut, denn leider werden hier bisweilen von Amateuren Dinge wie beispielsweise die Mannarbeit (siehe "Schutzhund") durchgeführt, die bei ungünstiger Konstellation sogar zu Gefahren führen können. Fragen Sie bei den Vereinen in Ihrer Nähe nach, welche Qualifikationen der jeweilige Hundausbilder vorzuweisen hat, und entscheiden Sie erst nach gründlicher Überlegung. Schauen Sie sich auch den Ausbildungsstil und die auf dem Platz übliche Art des Umgangs mit dem Hund und dem Hundeführer an. Es wäre zwar sicherlich von Vorteil, wenn Sie einen Ausbilder fänden, der bereits Erfahrung in der Arbeit mit dem Briard hat, jedoch ist dies in Deutschland noch selten anzutreffen.

Ein guter Ausbilder, der einfühlsam arbeitet, sollte aber in der Lage sein, durch aufmerksames Beobachten und jahrelange Erfahrung auch für den Briard den richtigen Umgangston zu finden.

VERSCHIEDENE EINSATZMÖGLICHKEITEN DES BERGER DE BRIE IM HUNDESPORT

Begleithundeausbildung

Bei der Ausbildung zum verkehrssicheren Begleithund wird besonders beachtet, daß der Hund in unserer Zeit in erster Linie einen Begleiter des Menschen im Alltag darstellt. Es werden alltägliche Situationen in ein Übungsprogramm eingebunden, die sowohl den Hund als auch den Hundeführer in idealer Weise auf das gemeinsame Leben vorbereiten. Gerade für den Briard ist dies vielleicht noch etwas wichtiger als für andere Rassen (obwohl ich der Meinung bin, daß die Übungen zum Begleithund jedem Hund zuträglich sind), weil er hierbei mit Streßsituationen konfrontiert wird, die ihn draußen unerwartet, vielleicht aus dem Konzept bringen würden. Durch den erfahrenen Gruppenleiter können Erziehungsfehler des Hundehalters, die von dem Berger de Brie bekanntlich schlecht weggesteckt werden, schon im Ansatz korrigiert werden.

Die Begleithundeausbildung macht dem Briard auch zumeist sehr viel Spaß, denn er fühlt sich gefordert und kann sich beweisen. Er erlebt immer wieder Erfolge, wenn er eine Situation gemeistert hat. Der Hundeführer profitiert von dieser Arbeit spätestens im Alltag, wenn er von Passanten auf seinen lieben, gut erzogenen Prachtkerl angesprochen wird.

Gerade in der heutigen Zeit, in der Hunde und leider auch immer wieder einmal der Briard in den Negativschlagzeilen der Presse erscheinen, ist es von größter Bedeutung, daß der verantwortungsvolle Hundehalter seinen Hund zu einem guten und sicheren Begleithund heranzieht, von dem weder für ihn noch für andere eine Gefahr ausgeht. Es macht auch Spaß, mit dem Briard auf die Begleithundeprüfung hinzuarbeiten. Denn für einen wesensfesten Hund, der von einem einfühlsamen Besitzer geführt wird, ist das Ganze kein Problem, und beide werden den Erfolg mit Spaß erreichen.

Turniersport

Der in früheren Zeiten als Breitensport bezeichnete Turniersport setzt sich aus einem Unterordnungs- und einem Sportteil zusammen (wobei selbstverständlich auch im Sportteil Gehorsam gefordert wird). Hier kommt es sowohl auf die Geschwindigkeit des Hundes und des Hundeführers als auch auf die Genauigkeit in der Ausführung der Übungen an. Es wird von Hund und Führer ein harmonisches Zusammenspiel verlangt, und beide müssen gute sportliche Leistungen erbringen. Der Briard lernt beim Turniersport seine zum "Ausflippen" neigenden Nerven in den Griff zu bekommen, und sein Besitzer wird zu sportlicher Aktivität mit dem Hund gezwungen. Gleichzeitig kann er mit seinem Herrn zusammen "arbeiten" und gestellte Aufgaben zu dessen Zufriedenheit erfüllen. Dies ist ein Grundbedürfnis des Briards und das gemeinsame sportliche Erlebnis steigert die enge Bindung zwischen dem Hund und "seinem" Menschen.

Der Turniersport kann für den Sportinteressierten mit Hund durchaus eine Alternative zu den üblichen Sportarten darstellen, da er einerseits den Sport mit dem Hund ermöglicht (es wird nicht nur der Hund oder nur der Besitzer sportlich gefordert) und anderer-

Herr und Hund werden beim Turniersport sportlich gefordert.

seits mittlerweile sogar zu einem Wettkampf- und Turniersport geworden ist. Man sollte allerdings darauf achten, daß die Abwechslung im Training nicht verloren geht. Auch wenn der Aufbau im Wettkampfgeschehen immer der Gleiche ist, sollte man dem Briard im Training immer wieder verschiedene Aufgaben stellen, bzw. die Aufgaben variieren. Ansonsten riskiert der ehrgeizige Hundeführer, daß der Briard zwar alle Übungen hintereinander wie im Schlaf absolviert, sich aber auch langweilt und dadurch entweder unaufmerksam wird, was dazu führt, daß sich Flüchtigkeitsfehler und Unachtsamkeiten in die Ausführungen einschleichen. Oder aber der Hund langweilt sich so sehr, daß er sich eigene "Variationen" ausdenkt, die leider meist nicht im Sinne seines Herrn oder gar der Wettkampfregeln sind, um die ganze Sache spannender zu gestalten.

Die Abwechslung im Training wird auch zu besseren Ergebnissen im Wettkampf führen, denn der Briard bleibt so voll bei der Sache und besticht durch Aufmerksamkeit und Freude. Leider ist diese Abwechslung im Trainingsverlauf nicht immer im Sinne der Ausbilder, die nach der alten Schule "trainieren" und von dieser Linie nicht abweichen wollen.

Agility

Dieser Hundesport gewinnt immer mehr Anhänger, seit er aus England zu uns gekommen ist. Es gibt derzeit kaum eine Hundezeitschrift, in der nicht regelmäßig die Hindernisse und Turnierregeln dieses Sports besprochen werden. Agility ist zur Zeit einfach "top modern" und eine echte Alternative zum Turniersport.

Es handelt sich um einen Sport, bei dem der Hund in immer wieder neuer Reihenfolge mit verschiedenartigen Hindernisse konfrontiert wird. Eine Wettkampfrege-

Lassen Sie ihrem Briard genügend Zeit, die ihm gestellte Aufgabe zu verstehen.

lung, die dem Briard sehr entgegenkommt, weil ihm die nötige Beschäftigung und Bewegung geboten wird, er aber gleichzeitig auch mitdenken darf und soll, was diesem Hund doch so wichtig ist. Gleichzeitig kommt dem Briard hier seine enge Bindung zu seinem Herrn zu Gute.

Der Richter gibt den Teilnehmern erst kurz vor dem Start die Reihenfolge der Hindernisse an Hand des Wettkampfplans bekannt, so daß der Briard während dem Ablauf des Parcours in ständiger Verbindung zu seinem Herrn stehen muß, um von diesem zu erfahren, welches Hinderniss als nächstes absolviert werden soll. Achtet der Hund während des Wettkampfes nicht auf seinen Herrn und stürmt voller Tatendrang "blind" auf die Hindernisse zu, wird er sich nicht an die vorgegebene Reihenfolge halten und somit disqualifiziert. Gerade der junge Briard wird zunächst dazu neigen, seinem überschäumendem Temperament und Tatendrang freien Lauf zu lassen und loszustürmen. Aber mit ein wenig Geduld ist es durchaus möglich, ihm verständlich zu machen, daß man dieses Verhalten nicht wünscht. Auch der Briard an der Herde durfte nicht einfach vom Arbeitseifer gepackt losstürmen, die Schafe aufscheuchen oder sie auf neue Weiden treiben. Hier gilt es, die natürlich vorhandene enge Bindung zum Herrn zu fördern und sein Temperament zu zügeln.

Ein kleiner Tip: Loben Sie den Briard während der Ausführung einer Übungsreihe zunächst nicht zu überschwenglich, denn häufig nutzt er diese Gelegenheit geschickt, um das Arbeiten abzubrechen und zum ausgelassenen Spiel überzugehen. Während der Übung ein kurzes lobendes Wort, eine kurze lobende Berührung, um dem Briard das für ihn so wichtige Feedback zu seinem Herrn zu geben. Es gilt hier das richtige Maß zu finden, denn genau dies ist der

Man muß den Briard langsam an seine Aufgabe heranführen ...

... damit es später einmal so schnell und reibungslos läuft.

Schlüssel zum Erfolg. Nach Abschluß der Übung kann man den Berger de Brie natürlich ausführlich loben und mit einem ausgelassenen Spiel belohnen. Diese gemeinsame Freude von Herrn und Hund ist für den Briard Belohnung für erbrachte Leistung und Motivation für weitere Arbeit.

Mobility

Es handelt sich hier in meinen Augen um eine Art des Hundesports, in der die Philosophie des Begleithundesports mit der Sportkomponente des Agility vereinigt wurde. Der Hund muß wie bei Agility diverse Hindernisse überwinden, die bei Mobility aber dem Alltag entnommen sind. Es handelt sich um Gitterroste, Leitern, Planen und andere Hindernisse. Wenn man sich also auch selber sportlich fit fühlt oder sportlich fit werden will, ist Mobility eine ideale Lösung für den Briardhalter. Dem zur Ängstlichkeit (vor Unbekanntem) neigenden Briard wird spielerisch zu mehr Sicherheit im Alltag verholfen, und Hund und Herr haben eine Menge Spaß dabei. Bei richtiger Anleitung, die von Geduld und Ruhe geprägt sein muß, gewinnt bereits der junge Briard eine Menge an für ihn sehr wichtigem Selbstvertrauen.

Schutzhundesport

Auch wenn sich die Ausbildung zum Schutzhund nicht nur auf die Mannarbeit beschränkt, sondern auch die Fährtenarbeit und die Unterordnung dazu gehören, halte ich den Begriff Schutzhundesport für nicht richtig gewählt. Meiner Meinung nach darf Mannarbeit nur von erfahrenen, speziell geschulten Ausbildern, nie aber von Amateuren gelehrt werden. Der Hund lernt bei der Ausbildung zum Schutzhund ein Kampfspiel kennen, bei dem er in bestimmten Situationen oder auf den Befehl seines Herrn hin angreifen und wieder ablassen muß. Diese Gegebenheit an sich ist weiter nicht bedenklich, denn jeder Hund kann beißen und braucht dies nicht erst zu lernen. Dem Hund ist allerdings eine natürliche Beißhemmung gegeben, die ihm bei der Mannarbeit abtrainiert wird. So können große Gefahren entstehen, wenn die “falschen” Hunde zu diesen Übungen herangezogen werden. Nur der Fachmann ist in der Lage, einen Hund so genau einzuschätzen und auch auszutesten, um mit einer gewissen Sicherheit sagen zu können, daß der Schutzdienst den Hund nicht zur Gefahr macht.

Die oft zitierte Aussage, daß die Mannarbeit keinen Hund zum Beißer macht, ist in dieser Form leider nicht richtig. Ein ausgeglichener Hund, der von sicherem Wesen und dessen gutes Verhältnis zum Menschen bereits absolut gefestigt ist, wird durch seine Erfahrungen bei diesem Kampfspiel voraussichtlich nicht gefährlich werden. Für alle anderen ist diese Art der Arbeit aber ungeeignet.

Ein ängstlicher oder nervöser Hund, wie er unter den Briards leider bis heute noch viel zu häufig anzutreffen ist, wird diese Spielsituation in sein Verhaltensrepertoir im Alltag übertragen, und so können sich ausgesprochen gefährliche Situationen ergeben. Der Hund, der in den Kampfspielsituationen gelernt hat, daß er sich durch Angriff bestens vor dem bösen Menschen schützen kann, wird sich aus Unsicherheit heraus die Regel “Angriff ist die beste Verteidigung” zu Herzen nehmen und so zu einer gefährlichen und vor allen Dingen unberechenbaren Waffe werden.

Gerade dem Briard, dem das Mißtrauen vor Fremden angeboren ist, und der leider auch nicht selten unter einer in irgend einer Richtung verschobenen Wesensschwäche leidet, kann so etwas schnell schaden. Wenn man dies bemerkt, ist es meist schon zu spät und die völlige Korrektur kaum mehr oder gar nicht möglich. Es ist nichts dagegen einzuwenden, wenn Fachleute ihre Briards zum Schutzhund ausbilden, nachdem sie gründlich überlegt haben, ob der einzelne Hund für diese Aufgabe geeignet und der Zeitpunkt der richtige ist. Für den Laien unter den Briardhaltern gilt aber in meinen Augen immer das Motto, bei dem geringsten Zweifel die Finger von der "Mannarbeit" zu lassen.

Es existieren noch weitere Sportarten für den Hund, jedoch handelt es sich meist um Abwandlungen der beschriebenen Formen oder um reine "Spielereien" (was für den Hund allerdings keinen Unterschied zu ernsthafter Arbeit macht). Es muß jeder selbst entscheiden, was er mit seinem Hund tun möchte, und jeder Hundesport, jede Ausbildung als Gebrauchshund ist für den Briard besser als gar keine. Aber im allgemeinen möchte ich von allen Übungen, die den Briard zu monotoner, millimetergenauen Ausführung von bestimmten, immer wiederkehrenden Handlungen anhalten, abraten. Wie bereits erwähnt ist der Briard nicht der richtige Hund für denjenigen, der den militärischen Drill fordert.

Es gibt aber echte "Berufe" für den Hund, die zwar auch ein Hobby darstellen können, aber dennoch ernst zu nehmen sind. Da dem Briard im Vergleich mit dem Deutschen Schäferhund der militärische Gehorsam weniger liegt, ist er als Polizeihund in meinen Augen selten gut eingesetzt. Als Drogenhund wäre sein Einsatz aber gut denkbar, auch wenn in Deutschland bisher andere, weiter verbreitete Rassen bevorzugt werden.

Der Rettungshund

Wer seinen Briard in der heutigen Zeit wirklich sinnvoll einsetzen möchte, sollte das Rettungshundewesen in Betracht ziehen. Hier kann der Briard seine Qualitäten anbringen, ohne auf den Millimeter genau vorgegebene Aufgaben erfüllen zu müssen. Er lernt die Scheu vor ungewohnten Dingen zu verlieren und Ängste zu überwinden.

Sein Selbstvertrauen wird aufgebaut, und gerade das ist ja beim Berger de Brie von großer Bedeutung. Gleichzeitig wird selbständiges Arbeiten gefordert. Jedoch erfordert die Ausbildung und Führung eines Rettungshundes einen sehr großen Zeitaufwand und starkes Engagement von Seiten des Herrn und ist daher nicht für jedermann geeignet.

Da hohe Nervenfestigkeit gefordert ist, kann wirklich nur ein einwandfreier Briard, so wie er eigentlich sein sollte, hier mit Erfolg arbeiten. Weiterhin sind eine gute Nase und Verträglichkeit mit anderen Hunden von Nöten. Beides Dinge, die zu großen Teilen davon abhängen, wie der Briardbesitzer seinen Welpen aufzicht.

Allerdings brauchen der Hund aber in erster Linie auch der Hundebesitzer viel Ausdauer und eine Menge Mut. Es ist nicht jedermanns Sache sich von einer langen Feuerwehrleiter oder mitsamt dem Hund aus dem Hubschrauber abseilen zu lassen. Es bedeutet auch gerade für den Hundebesitzer eine psychisch nicht immer einfache Situation, wenn er im Team mit seinem Hund in Katastrophengebieten arbeiten muß. Hinzu kommt die Theorie des Rettungswesens, deren Kenntnis der Hundebesitzer jährlich neu unter Beweis stellen muß. Es ist wünschenswert, daß in der Zucht viel mehr beachtet wird, daß Nervenstärke die Voraussetzung ist, um den Briard dauerhaft in der jetzigen Gesellschaftsstruktur alltagstauglich zu machen. Sie muß gefördert und nicht zu Gunsten anderer, äußerlicher Merkmale zurückgestellt werden. Nur so kann das Vorurteil dauerhaft ausgeräumt werden, daß der Briard für so ernste, verantwortungsvolle und stressreiche Arbeit nicht geeignet sei.

Eine ausführliche Anleitung und damit auch einen ersten tieferen Einblick in die Rettungshundearbeit bietet das Buch "Such und Hilf" von Wegmann/Heines. (Kynos Verlag)

Der Blindenführhund

Der Briard wird in seinem Ursprungsland Frankreich bisweilen als Blindenhund ausgebildet. Einerseits handelt es sich hier um eine Aufgabe, die dem Briard auf den Leib geschrieben scheint, weil er hier in idealer Weise für seinen Herrn und mit ihm arbeiten kann. Die große Liebe zu seinem Herrn, die enge Bindung und die Arbeitswilligkeit machen ihn zum guten Blindenhund. Andererseits ist auch hier starke Nervenfestigkeit und absolute Anpassung an das Leben in der Zivilisation gefordert. Ein Hund, der bei einem lauten Knall zur Seite schreckt, ist als Blindenführhund unbrauchbar, wenn er auch noch so lieb ist.

Es hat sich im Gespräch mit Ausbildern herausgestellt, daß der Deutsche Schäferhund bevorzugt wird, weil dieser im allgemeinen eine größere Ernsthaftigkeit und Beherrschtheit bei der Arbeit zeigt. Bei der Rasse des Berger de Brie treten leider gerade in diesen Bereichen immer noch Schwächen auf, die seinen Einsatz in den Augen erfahrener Blindenhundeausbilder unsicher machen, denen aber durch gezielte Zuchtauslese zu Leibe gerückt werden könnte.

Der Behindertenhund

Hier handelt es sich um Hunde, die Menschen mit verschiedenen, körperlichen Behinderungen im täglichen Leben zur Seite stehen. Im Gegensatz zum Blindenführhund ist der Behindertenhund meist “freier”, dem Hund bleibt ein größerer Handlungsspielraum. Dies kommt dem Briard entgegen, denn er kann sich mehr ausleben, ist weniger dem ihm verhaßten Drill ausgesetzt. Ansonsten kann er alle seine guten Eigenschaften genauso wie bei der Arbeit als Blindenführhund zeigen.

PROBLEME BEI DEM EINSATZ DES BRIARDS ALS GEBRAUCHSHUND

Bis heute findet man den Briard, der zu den Gebrauchshunderasen zählt, nur selten unter den Einsatzhunden. Einerseits liegt das sicherlich an der im Vergleich zum Deutschen Schäferhund geringeren Verbreitung der Rasse.

Der Briard gilt in Ausbilderkreisen als schwer abrichtbar und oft zu nervös für die ernsthafte Arbeit. Es ist richtig, daß er für monotone, genaue Arbeit wenig geeignet ist. Es wurde über Jahrhunderte hinweg von ihm an der Herde das Mitdenken gefordert, und so ist es nicht verwunderlich, daß er bei allzu monotoner Arbeit langweilt und unkonzentriert wird. Mit dem Einsatz des

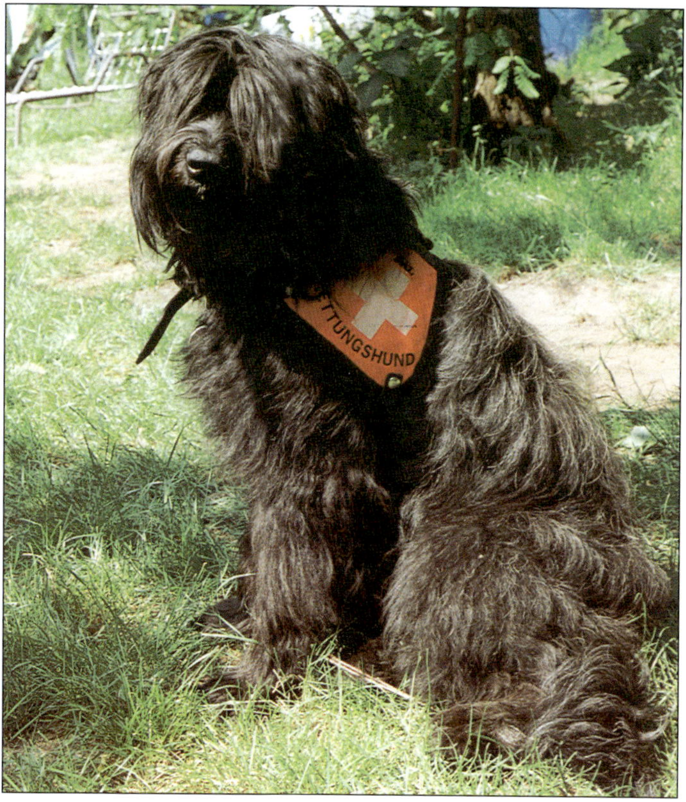

Von einem ausgebildeten Rettungshund wird einiges verlangt und auch sein Herr muß einiges leisten.

Briards für solche Tätigkeiten ist die Stelle fehlbesetzt, und nicht der Briard hat versagt, sondern der Führer hat den falschen Hund gewählt.

Es ist aber mehr als bedauerlich, daß der Briard in den Arbeitsfeldern, in denen Arbeit und Mitdenken gefordert sind, nicht oder nur selten eingesetzt wird. Es ist durchaus verständlich, daß der Hundausbilder, der die Wahl zwischen vielen verschiedenen Hunderassen hat, sich für die Rassen entscheidet, von deren Ausbildung er sich ein gutes Ergebnis verspricht. Jedoch sollte es im Bestreben der Briardzuchtvereine liegen, den Briard in solcher Weise zu verbessern und seine Fähigkeiten zu erhalten, daß er die Ansprüche der für ihn geeigneten Aufgaben erfüllt. Es ist also nicht nur eine Forderung, die der Familienbriard stellt, daß er umgänglich und ausgeglichen sein muß, sondern auch eine unerlässliche Bedingung, wenn der Briard nicht zum Außenseiter unter den Arbeits- und Gebrauchshunden werden soll.

Ich denke, daß auch hier ein Ansatz gegeben ist, über den die Rassezuchtvereine nachdenken sollten, denn der Briard, der einst an der Herde arbeitete, mußte auch dieses sichere Wesen besitzen, welches ihn auch heute noch zum Gebrauchshund befähigen könnte.

Kapitel Sechs

Ernährung und Pflege

Die Ernährung

Wertvolle Futtermittel

Wasser

Häufigkeit der Fütterung

Zeitpunkt der Fütterung

Die Pflege

Ratschläge zur Fellpflege

Das Baden

Das Schneiden der Haare

Pflege von Augen, Ohren, Zähnen und Krallen

Nach einem ausgelassenen Spiel oder einem Spaziergang im Regen kann der Briard durchaus auch einmal so aussehen.

Die Erziehung eines Junghundes ist wichtig, jedoch ist sie nicht alles. Der Hund hat auch noch andere Bedürfnisse: er muß artgerecht ernährt werden, da sich die Ernährung stark auf seinen Allgemeinzustand auswirkt. Ohne Futter und Wasser muß der Hund in kurzer Zeit sterben, bei falscher Ernährung wird er krank.

Auch Pflege ist nötig, da der Hund in häuslicher Umgebung an die menschliche Hygieneforderungen angepaßt werden muß und ohne ein Minimum an Pflege erkrankt. Für den Hundeneuling ist es nicht immer leicht zu entscheiden, was für den Hund das Beste ist. Die Angebote, die Werbung, aber auch die Theorien verschiedener Wissenschaftler können den Verbraucher, der das Beste für seinen Hund aus dem reichhaltigen Angebot auswählen will, stark verwirren.

Es ist für den verantwortungsvollen Hundehalter selbstverständlich, daß der Hund sein Futter immer nur aus seinem eigenen Futternapf erhält und dieser immer an der gleichen Stelle steht. Das gereichte Futter sollte immer handwarm sein.

In der Nähe seines Futters sollte der Hund seinen Napf mit sauberem Wasser vorfinden. Da sich im Bart des Berger de Brie eine Menge Schmutz sammelt, der sich beim Trinken zum Teil in das Trinkwasser auswäscht, ist es ratsam, den Wassernapf häufig zu säubern und frisches Wasser nachzufüllen.

DIE ERNÄHRUNG

Welches Futter für den Hund das Richtige ist, ergibt sich vor allen Dingen aus seiner Abstammungsgeschichte. Als zu den Carnivoren (Fleischfressern) zählend braucht er sowohl tierische als auch pflanzliche Nahrung.

Nicht nur alle nötigen Nährstoffe müssen in der Nahrung enthalten sein, sondern sie müssen auch in einem ausgewogenen Verhältnis zueinander stehen und den jeweiligen Lebensbedingungen und dem Alter des Hundes angepaßt sein. Der Briard ist von jeher ein sehr genügsamer Hund, da er ja der Hund von Hirten war, die zumeist nicht viel Geld und Nahrung besaßen. Auch auf den Bauernhöfen, auf denen die Briards früher anzutreffen waren, wurde für das Hundefutter kein Geld ausgegeben. Zumeist lebte der Briard von Tischabfällen. Bis heute ist er ein sehr genügsamer Hund geblieben, der bei richtiger Aufzucht keine Probleme bei der Fütterung mit sich bringt.

Heutzutage gibt es für den Hundebesitzer mehrere Möglichkeiten, seinen Hund zu ernähren, denn die Futtermittelindustrie hat in den letzten Jahren verschiedene Vollnahrungsmittel entwickelt. Im Gegensatz zum Zusatzfutter ist die Hundevollnahrung ein Futtermittel, das ohne den Zusatz anderer Nährstoffe als vollwertig zu bezeichnen ist, es müssen und sollen der Ausgewogenheit halber keine weiteren Nährstoffe zugefüttert werden.

Man unterscheidet innerhalb dieser Vollnahrung Feucht-, Halbtrocken- und Trockenfutter. Natürlich kann man auch heute noch das Futter seines Hundes selbst zubereiten. Dies ist allerdings mit einiger Mühe verbunden, weil man, um ein ausgewogenes Futter herzustellen, sehr viel über die Zusammensetzung von Nahrungsmitteln und den Bedarf des Hundes wissen muß. Zudem macht auch die Zubereitung von Fleisch, Reis,

Gemüse und anderen Zutaten einige Arbeit.

Die Fütterung von Flocken in Kombination mit Fleisch oder speziellem Naßfutter, bereitet weniger Arbeit. Der Hundehalter sollte sich aber dennoch informieren, in welcher Kombination die Nahrung gegeben werden soll.

Das von der Industrie in den verschiedensten Ausführungen angebotene Feuchtfutter hat einen sehr hohen Wasseranteil, nämlich ca. 80%. Es ist wichtig zu wissen, daß es sich bei dem, was da so sehr nach Fleisch aussieht nicht unbedingt um Fleisch handelt, und daß man bei dieser Art des Futters immer auch eine große Menge an Wasser mitbezahlt. Es wird direkt aus der Dose gefüttert, ohne zusätzliches Wasser hinzuzufügen.

Das Halbtrockenfutter besteht zu ca. 30% aus Wasser. Durch diesen noch relativen hohen Wassergehalt müssen diesem Futter Konservierungsstoffe zugefügt werden, um es vor dem vorzeitigen Verderben zu bewahren. Es wird ebenfalls direkt gefüttert, jedoch wird der Hund zu diesem Futter eine große Menge an Wasser trinken, da es meist einen sehr hohen Salzanteil besitzt.

Im Trockenfutter ist der Wasseranteil am geringsten (maximal 14% des Gesamtgewichts). So ist die Haltbarkeit gewährleistet, ohne daß Konservierungsstoffe zugesetzt werden müßten. Dieses Futter sollte in Wasser eingeweicht oder trocken unter separater Darreichung von Wasser gefüttert werden.

Es existieren viele sehr gute, ausgewogene Futtermittel. Aus diesem Grund rate ich zu einem kritischen Vergleich der auf dem Markt angebotenen Futtermit-tel. Ein Welpe, der durch seine Größe bedingt ein weitaus kleineres Magenvolumen besitzt als der erwachsene Hund, braucht eine kleinere, aber hochkonzentrierte Futtermenge, da man bei einem im Wachstum befindlichen Junghund mit einem zwei mal so großen Nährstoffbedarf gegenüber dem eines ausgewachsenen Hundes (auf das jeweilige Körpergewicht bezogen) rechnet.

Der Briard wird mit einem Gewicht von etwa 500 Gramm geboren und hat nach einem Jahr etwa sein endgültiges Gewicht erreicht. Dies bedeutet, daß er dann um etwa 40 kg zugenommen hat. Bereits nach etwa 5 Monaten wird er die Hälfte seines späteren Gewichts und ein Stockmaß von über 50 cm erreicht haben. Um diese beachtlichen "Leistungen" erbringen zu können, ohne gesundheitlichen Schaden zu nehmen, muß in dieser Zeit ein geeignetes, ausgewogenes Futter gereicht werden. Sobald der Hund höheren Belastungen (Sport, extremen Temperaturschwankungen ...) ausgesetzt ist, muß natürlich auch die Nahrung auf diesen erhöhten Energieverbrauch abgestimmt werden.

Es gibt von verschiedenen Herstellern Futter für jede Altersklasse und jeden Aktivitätsgrad. Die Hauptbestandteile, die in einem Futter enthalten sein müssen und auch auf der Dose oder der Packung deklariert sein sollten, sind: Proteine (Eiweiße), Fette, Kohlenhydrate, Mineralstoffe, Vitamine und Spurenelemente.

Nun handelt es sich beim Berger de Brie um einen sehr genügsamen Hund; seine Nahrung darf also nicht zu nährstoffreich sein. Über Jahrzehnte hinweg war er der Hund armer Leute, die ihm kein Futter mit hoher Nährstoffdichte zukommen lassen konnten, und er hat gelernt, damit auszukommen.

Es ist wichtig, den Hund artgerecht zu ernähren; es erscheint mir allerdings nicht sinnvoll den gewöhnlichen Hundebesitzer in die Diskussionen der Experten, die sich um wenige Nuancen dreht, einzubeziehen.

Eine meiner Meinung nach für den Laien recht hilfreiche Faustregel ist die des gleichbleibenden Gewichts: Der ausgewachsene, gesunde Hund sollte - egal unter welcher Belastungssituation - nie mehr als ca. 5% von seinem Normalgewicht verlieren. (Für Erkrankungen gilt diese Regel natürlich nicht, denn sie stellen einen Sonderfall dar.) Ein normalerweise sehr aktiver Hund sollte in Ruhephasen ebenfalls nicht um mehr als 5% seines Gesamtgewichts zunehmen. Dies bedeutet also, daß das Normalgewicht des Hundes um nicht mehr als 5% schwanken darf, wenn keine krankhafte Ursache vorliegt.

Im allgemeinen ist es günstiger, wenn der Briard etwas zu schlank ist, als wenn man ihn überfüttert. Bei einem gesunden Briard sollte man die Rippen unter einer dünnen Fettschicht spüren können.

WERTVOLLE FUTTERMITTEL

Es erscheint mir hier nicht sinnvoll, einzelne Marken in den Himmel zu loben und andere wiederum zu verurteilen. Jeder Hundehalter sollte sich sein Urteil selbst bilden.

Derjenige, der zu der Frage des Futters Rat sucht, kann meist getrost dem des Züchters folgen oder aber einen Tierarzt seines Vertrauens um Rat bitten.

Im Grunde ist - in Anbetracht der Tatsache, daß es gute und schlechte Futterverwerter, lebhafte und träge Hunde gibt - auch heute noch der Hundehalter derjenige, der am besten beurteilen können sollte, welches Futter für seinen Hund das richtige ist.

Grundsätzlich wird man dem Hund durch folgende menschliche Nahrungsmittel nicht schaden: Käse, Karotten, Trockenfisch, kleine Mengen Sonnenblumenöl, und auch getrocknetes Schwarzbrot,...

Es wäre kein Problem, diese Liste noch über ein paar Seiten auszudehnen, aber hier beschränke ich mich darauf, daß der Hund grundsätzlich jedes Fleisch, Fisch, aber auch viele Obstsorten, viele Gemüsearten, Beeren usw. schätzt.

Hier gilt wie auch beim Menschen, wenn der Hund diese Futtermittel von klein an kennenlernt wird er sie auch später schätzen.

Zu vermeiden sind: alle stark gewürzten, bzw. gesalzenen Nahrungsmittel, Zwiebeln, Kohlgemüse, Kartoffeln, Rüben und feine Röhrenknochen.

Knochen im allgemeinen sind weniger ein Nahrungsmittel, als in der Hauptsache ein vom Hund gern gesehener Zeitvertreib. Man kann seinem Hund diesen Zeitvertreib auch von Zeit zu Zeit gönnen, sollte aber darauf achten, daß Knochen nicht zu häufig verfüttert werden.

Eine Alternative stellen die im Handel erhältlichen Büffelhautknochen dar, an denen die meisten Hunde mit Begeisterung nagen und die völlig unbedenklich sind.

WASSER

Sauberes Wasser muß dem Hund IMMER zur Verfügung stehen. In Großstädten, in denen die Wasserqualität bisweilen zu wünschen übrig läßt, kann man das Wasser abkochen und nach dem Abkühlen reichen.

Wasser muß dem Briard ständig zur Verfügung stehen.

Der Bedarf des Hundes an Wasser liegt bei etwa 2 Litern pro Tag, kann aber durchaus um bis zu 1 Liter schwanken (je nach Außentemperatur, nach Futterart, Bewegung, usw.). Es ist nicht selten zu beobachten, daß ein Briard nach einem längeren Spaziergang vor seinem Wassernapf liegt, je eine Pfote rechts und links davon, dann das ganze Maul in den Napf hineinlegt und unter großer Wellenbildung mit Beißbewegungen möglichst viel Wasser auf einmal zu schaufeln versuchten.

HÄUFIGKEIT DER FÜTTERUNG

Der junge Hund hat, wie bereits erwähnt, trotz gesteigertem Bedarf an hochwertigen Nährstoffen ein viel geringeres Magenvolumen als der erwachsene Hund. Daraus folgt, daß der Welpe wie auch der Junghund häufiger am Tag mit kleinen Portionen zu füttern sind.

Man sollte hier zunächst die Fütterungsintervalle, die der Züchter in den letzten Wochen eingeführt hatte, beibehalten.

Im allgemeinen gilt, daß man die Tagesration eines jungen Briards im Alter von 3 Monaten auf 3-4 Mahlzeiten im Alter von 4 Monaten auf 3 Mahlzeiten ab einem Alter von 6 Monaten auf 2 Mahlzeiten verteilen sollte.

Der ausgewachsene Briard (etwa ab dem 12. Monat) kommt mit einer Fütterung pro Tag aus. Es ist sicherlich bequem, dem Hund nur einmal täglich sein Futter zu geben. Jedoch sollte man bedenken, daß der Hundemagen mit einer derart großen Futtermenge stark belastet ist. Zwar frißt auch ein Wolf, wenn er Beute gemacht hat, bis der Magen voll ist; der entscheidende Unterschied zu den meisten Haushunden: der Wolf wird sich mit seinem gefüllten Magen kaum oder gar nicht bewegen. Unser Hund ist aber meist in unseren Tagesablauf eingebunden, der ihm diese Ruhe selten vergönnt. So ist es sinnvoller die tägliche Futtermenge in 2 Rationen aufzuteilen, um der zwar seltenen, aber doch sehr bedrohlichen und meist tödlich verlaufenden Magendrehung vorzubeugen.

ZEITPUNKT DER FÜTTERUNG

Man sollte den Hund immer zu gleichen Tageszeiten füttern, da durch diese Regelmäßigkeit die Sekretion von Verdauungssäften, welche die Verdauung fördern, auf natürlichem Wege angeregt wird. Der Briard, der oft empfindlich auf Störungen in seinem Lebensgewohnheiten reagiert, schätzt diese Regelmäßigkeit.

Man sollte grundsätzlich nicht vor oder direkt nach großen körperlichen Anstrengungen füttern. Wenn es sich nicht vermeiden läßt, vorher zu füttern, so muß zwischen Fütterung und Belastung mindestens ein Zeitraum von einer Stunde liegen und die Futtermenge reduziert werden. Wenn man nach einer großen Anstrengung füttert, so sollte man abwarten, bis der Hund sich wieder einigermaßen erholt hat. Auch hier kann es sinnvoll sein, die Nahrungsmenge zu reduzieren.

DIE PFLEGE

Wenn man von der Fellpflege absieht, unterscheidet sich die Pflege des Berger de Brie in nichts von der anderer Rassen.

Viele, die den Berger de Brie sehen, schlagen die Hände über dem Kopf zusammen; sie erschauern bei dem Gedanken an den Zeitaufwand, den eine derartige Haarpracht ihrer Meinung nach verlangt. Diesen Leuten muß ich zum Teil recht geben, gleichzeitig aber auch widersprechen.

Wie bereits erwähnt sollte das korrekte Haarkleid des Berger de Brie dem Ziegenhaar ähneln. Ein derartig harsches Haar verknotet nicht allzu leicht und ist aufgrund seiner Beschaffenheit schmutzabweisend. Allerdings treten auch immer wieder Vertreter der Rasse mit ausgesprochen weichem wollartigem Fell in Erscheinung, das sehr viel leichter verfilzt und dessen Pflege einen viel höheren Zeitaufwand fordert.

RATSCHLÄGE ZUR FELLPFLEGE

Bereits den Junghund sollte man mit einer Bürste vertraut machen, solange sein Fell noch weich und nicht allzu lang ist. Wenn der Hundebesitzer es versteht, ihm auch die angenehmen Seiten dieser etwas anderen Form des Streichelns zu vermitteln, wird der Hund die Fellpflege auch in seinem späteren Leben akzeptieren und schätzen. Ein Briard, der in seinen ersten Lebensmonaten allerdings kaum oder gar nicht gebürstet wurde, wird sich auch später diese Prozedur nicht freiwillig gefallen lassen.

Man sollte den jungen Berger de

Ein verfilzter Briard wirkt doppelt so breit, wie er wirklich ist.

Brie immer wieder zwischendurch bürsten. Zunächst kann es spielerisch geschehen, auch wenn man ihm gleichzeitig zeigt, daß es kein Entrinnen gibt. Er spürt auch in dieser Situation, daß der Herr entscheidet, was wann getan wird und kommt gar nicht auf die Idee, sich zu widersetzen, wenn er einmal zu einem stattlichen Berger de Brie herangewachsen sein wird. Wie wichtig es ist, daß der ausgewachsene Briard die Fellpflege akzeptiert, kann man erst im vollen Ausmaß verstehen, wenn man einmal versucht hat, einen Hund zu bürsten, der sich entschieden hat, dies eben jetzt nicht mit sich machen zu lassen.

Die erste Bürste des Hundes

sollte weiche Borsten haben. Hierdurch kann man dem Welpen beim Durchbürsten des Welpenfells nicht wehtun.

Wenn das Fell zu sprießen beginnt, muß man darauf achten, daß die Borsten das Fell bis auf die Haut trennen. Falls die Bürste mit weichen Borsten hierzu nicht mehr ausreicht, muß man auf eine Bürste mit Drahtborsten auf einem Gummikissen umsteigen, die ein gründliches Durchbürsten ermöglicht und auch im späteren Leben immer die Grundausstattung der Pflegeserie für den Berger de Brie darstellen wird. Um die tote Unterwolle zu beseitigen, sollte man auf einen grobzinkigen Kamm zurückgreifen.

Der Briard wird traditionsgemäß immer von unten nach oben und von hinten nach vorne gebürstet, so daß dem Pfleger Knoten in der Unterwolle nicht entgehen.

Wird er über einen längeren Zeitraum nicht gepflegt, verfilzt er langsam. Die abgestorbenen und abgestoßenen Haare verfangen sich in dem noch lebenden Haar. Nach einiger Zeit hängen die Filzplatten in dicken Strähnen herab. In extremen Fällen führen solche Filzknoten zu echten Hautproblemen, jedes ungepflegte Fell bietet für Ungeziefer eine ideale Brutstätte.

Natürlich darf man es nicht erst soweit kommen lassen. Man sollte nicht nur aus Gründen der Gesundheit des Hundes und aufgrund der Ästhetik, sondern vor allen Dingen aus hygienischen Gründen ein Verfilzen verhindern. Es versteht sich von selbst, daß ein Hund, der ein ungepflegtes Fell hat, nicht gerade angenehm riecht.

Ich habe einmal einen völlig verfilzten schwarzen Briardrüden bekommen, der zudem weder an Bürste noch Kamm gewöhnt war. Nach einigen vergeblichen Versuchen, die Knoten zu entfilzen, ohne dabei in einen extremen Kampf mit diesem Rüden zu verfallen, entschied ich, sowohl dem Hund als auch mir diese Prozedur zu ersparen. Mit einer Schere schnitt ich die Filzknoten etwa 1 cm entfernt von der Haut ab. Diese "Schur" war eine Erleichterung für den Hund. Auch wenn viele Briardfreunde eine Schur für eine Verschandelung des Hundes halten, so glaube ich, daß das Wohl des Hundes an erster Stelle stehen sollte und nicht hinter dem ästhetischen Empfinden des Halters zurücktreten darf.

Natürlich darf das Scheren keine Alternative zur regelmäßigen Fellpflege darstellen. Der geschorene Hund wird langsam an das regelmäßige Bürsten gewöhnt, damit in Zukunft eine weitere Schur nicht nötig ist. Hierbei geht man ebenso vor, wie ich es für den Junghund beschrieben habe.

Man muß aber einem ausgewachsenen Berger de Brie, der erst jetzt an die Haarpflege gewöhnt wird, deutlich zeigen, daß er keine Möglichkeit hat, dieser Prozedur zu entgehen. Dies wird dem Hund zwar liebevoll, aber unmißverständlich gezeigt. Es kommt nicht selten vor, daß der Besitzer eines Berger de Brie sich von seinem Hund, der nicht gewillt ist, das Ziepen der täglichen Fellpflege zu ertragen, und dies mit Knurren und Schnappen kundtut, einschüchtern läßt. Diesem Besitzer möchte ich sagen, daß mit großer Wahrscheinlichkeit ein Fehler in der Erziehung vorliegt, der nicht unbedingt an die Fellpflege gebunden sein muß. Der Briard scheint nicht verstanden zu haben, daß sein Herr der bedingungslose Rudelführer ist, und er sich ihm und seinen Anordnungen zu beugen hat. Aber leider ist kaum ein Hundebesitzer, bereit, sich selbst diesen Fehler einzugestehen, sondern versucht, ihn zu verdrängen, indem er den Hund nicht mehr oder nur noch oberflächlich bürstet, also der Konfliktsituation aus dem Weg geht. Gerade dadurch sieht der Hund sich bestätigt und wird sich immer weniger gefallen lassen. Ich kann nur raten, diese Alarmzeichen ernst zu nehmen und spätestens jetzt einzusehen, daß etwas geschehen muß.

Entweder man entscheidet sich dazu, selbst den Hund in die Rangordnung zu verweisen oder aber man bittet - wenn man es sich selbst nicht zutraut - einen Fachmann um Rat und Hilfe. Es muß einem wirklich nicht unangenehm sein, um Rat zu fragen, denn dafür sind Fachleute da. Nur möchte ich Sie bitten, daß Sie, falls Sie eines Tages in eine solche Situation kommen, nicht erst um Rat bitten, wenn der Hund bereits zu einer echten Gefahr geworden ist.

Ein anderes Mal wurde mir ein Briard gebracht, der zwar beinahe ebenso verfilzt war, die Prozedur des Bürstens aber willig und geduldig über sich ergehen ließ. Also machte ich mich an die Arbeit. Es handelt sich tatsächlich um Arbeit! Nach etwa 6 Wochen und täglich 1-2 Stunden Arbeit hatte ich den Hund wieder soweit, daß man ihn als einen gepflegten Berger de Brie bezeichnen konnte; ich hatte aber auch an allen Fingern Blasen...

Wenn man sich wirklich daran macht, einen verfilzten Berger de Brie zu entfilzen, muß man sich auf eine Menge Arbeit gefaßt machen. Neben einem grobzinkigen Kamm, einer Bürste und einer Schere benötigt man vor allem eine Menge Zeit, Geduld und Verständnis für den Hund.

Die Schere soll es ermöglichen, die dicken Filzknoten der Länge nach, das heißt in Wuchsrichtung des Haares aufzutrennen. Natürlich kann man das Gleiche auch mit einem Entfilzungskamm erreichen.

Aber ich habe die Erfahrung gemacht, daß das Ziepen des Entfilzungskamms dem Hund unangenehmer ist, als die Anwendung von Schere und Kamm. Mit viel Geduld muß man jede einzelne Filzsträhne unter Zuhilfenahme des Kammes entwirren. Die zu sehr verknoteten Stellen sollte man mit der Schere entfernen. So kämpft man sich Stück für Stück voran, bis nach viel Geduld von Herrn und Hund endlich wieder das für den Berger de Brie typische schwingende Fell zum Vorschein kommt.

Es gibt Fachleute, die die Meinung vertreten, daß es ausreicht, wenn man den Briard alle 14 Tage einmal mit einem Zeitaufwand von 1 Stunde durchkämmt. Dies entspricht nicht meinen Erfahrungen. Es erscheint mir ebenso falsch, wenn andere sagen, daß täglich ein Aufwand von mindestens 1 Stunde nötig sei. Realistisch erscheint mir ein Arbeitsaufwand von etwa 30 Minuten im Abstand von etwa 4 bis 5 Tagen. Dies gilt natürlich nur dann, wenn man diesen Rhythmus regelmäßig einhält, so daß der Hund immer in gutem Pflegezustand bleibt.

Vieles hängt von der Qualität des Haarkleides ab, und so ist es durchaus möglich, daß ein Berger de Brie mit dem idealen, trockenen Ziegenhaar und nur wenig Unterwolle, der Witterungseinflüssen nicht ausgesetzt ist, mit einer Pflegestunde alle zwei Wochen auskommt. Ebenso ist zur Aufrechterhaltung eines gepflegten Haarkleides bei einem Berger de Brie, der nicht mit einem Fell bester Qualität gesegnet ist, sondern eher ein weiches, wolliges Fell besitzt, der sehr viel draußen lebt und daher Wind, Regen und Schmutz ausgesetzt ist, ein großer Zeitaufwand nötig.

Bei der Fellpflege sollte man zunächst grob über das Fell bürsten, um dann mit dem grobzinkigen Kamm sorgfältig Strähne für Strähne durchzukämmen. Hierbei zieht und reißt man nicht an möglicherweise vorhandenen Knoten, sondern nimmt je einen Teil zwischen Daumen und Zeigefinger und zieht sie sanft auseinander.

Im allgemeinen sollte man beim Bürsten konsequent, zielstrebig und nicht zu zimperlich vorgehen, gleichzeitig aber darauf achten, daß nicht nur das Deckhaar, sondern auch die Unterwolle durchgebürstet wird.

Man muß sich unbedingt darüber im Klaren sein, daß ein gewisser Zeitaufwand zur Fellpflege unabdingbar ist. Falls man hierzu nicht bereit ist, sollte man sich nicht für einen Briard entscheiden, sondern lieber den Berger de Beauce oder eine andere kurzhaarige Rasse wählen.

DAS BADEN

Viele Experten lehnen das Baden des Hundes grundsätzlich ab. Andere halten regelmäßiges Baden für notwendig, wenn man den Hund in der menschlichen Umgebung und sogar in direktem Kontakt zu Kindern halten möchte.

Zweifellos beeinflußt der Einsatz von Seifen und anderen Waschzusätzen die Haarqualität des Briards; es wird weich und verliert wichtige, schützende Eigenschaften.

Es ist aber nichts dagegen zu sagen, wenn der Hundebesitzer seinen Hund von Zeit zu Zeit mit klarem Wasser abwäscht, das Waschen mit Zusatzstoffen soll aber der Ausnahmefall sein.

Ich rate jedem, regelmäßig den Bart des Berger de Brie mit klarem Wasser zu reinigen, denn dieser hängt beim Fressen in den Futternapf und beim Schnüffeln auf dem Boden. Er sammelt Schmutz und neigt zum Verfilzen, was auch schnell zu unangenehmen Geruch führt.

DAS SCHNEIDEN DER HAARE

Zum Thema Schur habe ich mich bereits geäußert. Jedoch werde ich immer wieder gefragt, ob man die Haare des Berger de Brie an bestimmten Stellen kürzen darf.

Der Berger de Brie hat dicht behaarte Pfotenballen. Wenn man ihm ausreichend Bewegung verschafft, wetzen sich diese Haare beim Laufen ab.

Falls der Berger de Brie im Winter aber in Eis und Schnee spazieren geht, bilden sich zwischen den Ballen und an den Fesseln Eisklumpen, die den Hund beim Laufen schmerzen.

Um dies zu verhindern, kann man das Fell an den Pfoten mit Vaseline oder Melkfett einreiben, so daß der Schnee gar nicht erst an dem Fell kleben bleibt.

Gleichzeitig wird durch das Einreiben mit Fett den Ballen etwas Gutes getan. Sie werden geschmeidiger und Risse heilen so viel schneller ab.

Ein immer wiederkehrendes Problem, welches unter Rassekennern und -liebhabern kontrovers diskutiert wird, ist das Problem der Haare vor den Augen.

Natürlich gehören diese Haare zum Erscheinungsbild des Berger

Im Bart des Briards verfängt sich z.B. beim Fressen eine Menge Schmutz und Nahrungpartikel.

de Brie und schützen seine Augen.

Allerdings wurden dem Briard im Laufe der letzten Jahre, basierend auf dem züchterischen Ehrgeiz einiger "Kenner", ein immer längeres und dichteres Haarkleid angezüchtet, so daß es vorkommt, daß das Sehvermögen des Berger de Brie durch zu dichtes Haar vor den Augen doch stark beeinträchtigt ist.

Das kann so weit gehen wie ich es bei einem 6-jährigen schwarzen Briard erfahren habe, der regelmäßig in fremden Gebieten gegen die verschiedensten Gegenstände lief. Er wurde auch zunehmend aggressiv, verbellte vor allem bei Dämmerung und trübem Wetter alles und jeden, erschreckte sich vor Mülltonnen, Körben, Fahrrädern und anderem.

Dieser Hund wurde lange Zeit auf eine Gehirnkrankheit untersucht - bis sich herausstellte, daß der arme Kerl einfach kaum mehr etwas sah, weil er durch das Fell vor seinen Augen wie durch einen dicken Vorhang schaute und maximal noch Schemen erkennen konnte. In solchen Fällen sollte man eingreifen.

Man kann dem Hund die Haare nach hinten binden, indem man sie in einer Strähne oder sogar als Zöpfchen nach hinten bindet und sie am Hinterkopf mit einer Haarspange am Haar des Hinterkopfes befestigt.

Man kann die Haare des Berger de Brie aber auch vor den Augen ausdünnen. Dies kann problemlos mit einer für den Menschen gebräuchlichen Ausdünnschere ge-

Manchmal ist die Schur die beste Lösung.

schehen. Bei jeglicher Form der Behandlung der Haare an den Augen ist darauf zu achten, daß keine Haarspitzen in das Auge geraten, die dann auf der Netzhaut reiben würden. Auch nachwachsende Haare und Wimpern können bei einer bestimmten Länge auf dem Auge scheuern und so Reizzustände hervorrufen.

PFLEGE VON AUGEN, OHREN, ZÄHNEN UND KRALLEN

Augen Im allgemeinen ist das Auge des Berger de Brie recht pflegeleicht. Vor Zugluft und kleinen Fremdkörpern wird es bis zu einem bestimmten Grade durch die natürlich über das Auge fallenden Haare geschützt. Den Schmutz, der sich immer wieder in den Augenwinkeln bildet, sollte man von Zeit zu Zeit mit einem weichen Tuch entfernen.

Ohren Die Ohren des Berger de Brie sind ebenfalls durch Haare geschützt, sofern der Mensch diese nicht beseitigt. Durch Schütteln

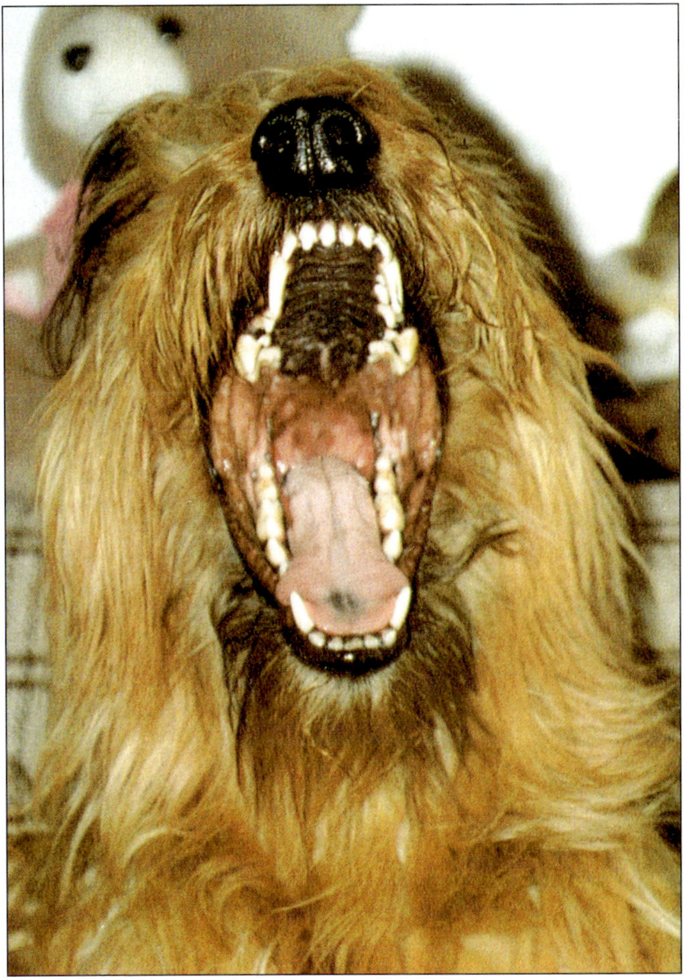

Das Gebiß des Briards sollte nicht unterschätzt werden. Immerhin ist er ein Nachfahre des Wolfes.

entfernt der Hund mit dem Ohrenschmalz gleichzeitig eingedrungenen Schmutz.

Der Hundehalter sollte die Ohren im Rahmen der Fellpflege kontrollieren und im Bedarfsfall mit einem leicht mit Öl angefeuchteten Wattestäbchen reinigen. Hierbei fällt auch eventueller Milbenbefall auf. Allerdings muß man sehr vorsichtig vorgehen, weil der Hund einerseits sehr empfindlich auf Berührungen des Ohrinneren reagiert, andererseits aber auch tatsächlich schnell Verletzungen auftreten können.

Von Zeit zu Zeit sollten zu üppig wachsende Haare aus der inneren Ohrmuschel gezupft werden

Zähne Der Berger de Brie hat ein sehr starkes Gebiß, und man muß seinem Hund von Anbeginn an beibringen, dieses ohne Widerstand zu zeigen. Jeder Besitzer eines jungen Berger de Brie sollte den Zahnwechsel seines Hundes beachten.

Eine die Zähne reinigende Wir-

Bevor eine solche Kralle ins Fleisch einwächst, muß man sie kürzen.

Wir zwei sind kerngesund.

kung hat das Kauen und Bearbeiten von dicken Knochen oder hartem Schwarzbrot. Im allgemeinen genügt dies zur Vorbeugung gegen den gefürchteten Zahnstein. Jedoch läßt sich ein von Welpenalter daran gewöhnter Hund auch ohne Widerstand die Zähne mit einer handelsüblichen Zahnbürste und beim Tierarzt erhältlicher Zahncreme oder in der Apotheke erhältlicher Schlämmkreide putzen.

Man muß wissen, daß Mundgeruch beim Briard meist weniger mit schlechten Zähnen, sondern meist mit Verdauungsproblemen zu tun hat.

Krallen Die Krallen an den Zehen des Berger de Brie schleifen sich im Normalfall wie auch das Fell an den rund wie Bärentatzen wirkenden Pfoten bei der täglichen Bewegung ab. Falls dies einmal aus dem einen oder anderen Grund nicht erfolgt, muß man selbst zur Schere greifen. Dies ist häufiger bei den den Boden nicht berührenden Wolfs- oder Afterkrallen der Fall.

Das Vorgehen beim Kürzen der Krallennägel sollte man sich einmal von einem Züchter oder Tierarzt zeigen lassen und es künftig selber tun.

Bei den abgeschnittenen Teilen handelt es sich, solange man nicht zu tief schneidet, ausschließlich um schmerzunempfindliches Horn.

Kapitel Sieben

Krankheiten

Was tun, wenn der Hund krank ist?

Wenn der Briard zum Tierarzt muß

Woran erkennt man einen kranken Hund?

Hüftgelenksdysplasie

Impfungen

Der alternde Hund

Der Tod des Hundes

Der Berger de Brie ist von Natur aus ein sehr robuster Hund. Er hat jahrhundertelang unter allen Bedingungen draußen bei der Schafherde gelebt. Dies führte zu einer natürlichen Ausgrenzung von krankheitsanfälligen Hunden. Der Hirte mußte sich auf ihn verlassen können; er konnte nicht ständig Rücksicht auf einen kränkelnden Hund nehmen. So wurde nur mit den widerstandsfähigsten Hunden weitergezüchtet und bis heute ist dem Berger de Brie diese Widerstandskraft erhalten geblieben.

Natürlich kann aber auch seine angeborene Widerstandskraft den Briard nicht völlig vor Krankheiten schützen; sie sorgt lediglich für eine geringere Anfälligkeit des Hundes.

Er ist von enormer Zähigkeit. Es wird von an der Herde arbeitenden Briards berichtet, die noch auf drei Beinen ihre Herde nach Hause getrieben haben und erst dort versorgt werden mußten. Und bis heute zeigt sich ein Briard nicht wehleidig und ist in der Lage, einiges "wegzustecken".

Leider ist aber auch der Berger de Brie wie alle anderen Hunderassen von mehr oder minder rassespezifischen Erbkrankheiten betroffen.

Eine davon ist die Hüftgelenksdysplasie (HD), eine gefürchtete Erbkrankheit, die vor allem bei größeren Rassen häufiger anzutreffen ist und der man in verschiedenen Ländern durch genaue Auslese in der Zucht auf den Leib zu rücken versucht. Ebenso tritt noch immer die progressive Retinaatrophie (RPA) auf. Es handelt sich dabei um eine fortschreitende Augenerkrankung, an deren Ende die Erblindung steht.

In letzter Zeit zeigen Statistiken, daß vermehrt Briards im Alter von etwa 8 Jahren sterben. Dies wird auf eine Häufung der Krebserkrankungen in diesem Alter zurückgeführt, ist aber nicht überzubewerten, da klare Nachforschungen auf diesem Gebiet bisher noch nicht betrieben wurden.

Grundsätzlich sollte man seinen Hund gut genug kennen und beobachten, um Veränderungen im Allgemeinzustand zu bemerken. Diese können sowohl äußere Faktoren wie Fellbeschaffenheit, Augenausdruck, Verletzungen, Bewegungsbeeinträchtigungen als auch innere wie Gewichtsveränderungen, Verdauungsstörungen und viele andere sein.

WAS TUN, WENN DER HUND KRANK IST?

Bei manchen leichten Erkrankungen kann der Hundehalter selbst heilend eingreifen. Sobald es sich aber um schwere Krankheiten und länger andauernde Irritationen handelt, sollte man fachmännischen Rat einholen. Es gibt mehrere Möglichkeiten, wie man nach dem Feststellen von Krankheitsanzeichen am eigenen Hund vorgehen kann.

Im akuten, lebensbedrohenden Fall ist es selbstverständlich, daß man so schnell wie irgend möglich mit einem Tierarzt in Kontakt tritt. Ist ein Transport möglich, sollte man dem Tierarzt die Ankunft des Notfallpatienten immer telefonisch ankündigen. Dies ermöglicht dem Arzt, alles Nötige vorzubereiten, während man selbst noch auf dem Weg ist. Auch beim Briard gilt wie beim Menschen daß im Notfall Minuten über Leben und Tod entscheiden können.

Anders ist die Situation im Falle einer normalen, sich ohne Dramatik entwickelnden Krankheit. Hier kann man zunächst einmal die

Man sollte den eigenen Briard genau kennen, damit man Veränderungen bemerkt und zu deuten weiß.

Situation analysieren. Unter Umständen kann solllte sich auch mit einem Züchter der Rasse in Verbindung setzen und diesen um Rat fragen.

Mit dem kranken Hund geht man zu einem Tierarzt oder aber zu einem "Tierheilpraktiker". Der "Tierheilpraktiker" ist ein in letzter Zeit immer gefragterer Praktiker, der unter Verzicht auf chemische Medikamente das Tier unter ganzheitlichen Aspekten mit natürlichen Mitteln zu heilen sucht. Dieser Ansatz gesundheitsbezogenen Denkens ist sicherlich nicht zu unterschätzen, aber man sollte sich denjenigen, dem man seinen Hund anvertraut, doch sehr genau aussuchen. Im Gegensatz zur Heilpraktikerausbildung, die sich auf die Behandlung des Menschen bezieht, ist die Ausbildung zum "Tierheilpraktiker" bisher nicht geregelt. Im Grunde kann sich jeder als "Tierheilpraktiker" bezeichnen, selbst wenn er keinerlei Erfahrung im Umgang mit kranken Tieren aufweisen kann. Es lohnt sich aber, nach einem guten Tierheilpraktiker in der Umgebung des eigenen Wohnorts zu suchen, denn die Erfolge, die diese erzielen, sind gerade bei chronischen Erkrankungen nicht zu unterschätzen. Ideal wäre es, wenn man einen Tierheilpraktiker findet, der bereit ist, mit dem eigenen Tierarzt zusammenzuarbeiten oder Tierarzt und Tierheilpraktiker in einer Person vereinigt sind. Leider ist aber gerade das selten zu finden, denn sowohl der traditionelle Tiermediziner als auch der immer populärer werdende Tierheilpraktiker möchte die Erfolge des anderen nicht anerkennen. So arbeitet oft jeder in seiner Ecke und ist nicht bereit, den Patienten zum richtigen Zeitpunkt an den anderen weiterzuleiten.

Der Briard ist durch seine robuste Natur und seine starken Widerstandskräfte ein sehr geeigneter Patient der Naturheilkunde, da diese in idealer Form das von Natur aus vorhandene Selbstheilungspotential des Berger de Brie ausbaut und im Krankheitsfall nutzt.

Die Faustregel, die man als Briardhalter meiner Meinung nach bei der Entscheidung "Tierarzt oder Naturheilkundler?" anwenden sollte ist die folgende:

Bei akuten, lebensbedrohenden Krankheitszuständen wende man sich an einen Tierarzt und NIE an einen Tierheilpraktiker. Bei beginnenden, leichten oder bei chronischen Krankheitszuständen kann die Tierheilkunde zu hervorragenden Erfolgen verhelfen.

Aber lange bevor der Hund zum ersten Mal krank ist, kann man schon viel tun, um demjenigen, der den Briard im Krankheitsfall betreut, die Arbeit zu erleichtern und die Heilung des Hundes zu beschleunigen. Dies bedeutet, daß man seinen Hund genau kennen muß. Auf Nachfrage sollte man den gesunden Hund so genau wie möglich darstellen. Auch die Krankheitszeichen, die man beobachtet hat und die einen dazu bewogen haben, den Fachmann zu konsultieren, muß man so präzise wie irgendwie möglich beschreiben. Nur so ist eine sichere und schnelle Diagnose möglich.

Weiterhin kann man schon beim gesunden Hund einiges tun, damit der eigene Briard einmal zu einem gerngesehenen Patienten wird. Man gewöhnt den Hund ab früher Jugend an Dinge wie Fiebermessen und die Kontrolle von Augen, Ohren und Zähnen. Man kann einem Berger de Brie ohne größere Probleme beibringen, daß er sich das Maul öffnen läßt, daß auch Fremde seine Augenlider kontrollieren dürfen. Selbstverständlich ist auch hier Grundvoraussetzung, daß der Hund gelernt hat, sich von Fremden anfassen zu lassen.

WENN DER BRIARD ZUM TIERARZT MUß

Der erste Besuch in einer Praxis wird immer großen Einfluß darauf haben, ob der Hund eines Tages ängstlich zitternd, böse keifend oder auch gelassen und ruhig in der Praxis auftreten wird. Der Berger de Brie ist kein Hündchen, das man bei unangemessenem Betragen einfach unter den Arm klemmen kann, sondern vielmehr ein 40kg-Hund, der einen aufgrund seiner Größe und seiner Kraft in Schwierigkeiten bringen kann, wenn er sich in der Praxis unangemessen benimmt. Man muß sich auch darüber klar sein,daß kein Tierarzt sich gerne unseres Briards annimmt, wenn er befürchten muß, von ihm gebissen zu werden.

Wenn man das Wartezimmer betritt, sollte man dies so selbstverständlich wie möglich tun, um dem Hund nicht das Gefühl der Unruhe oder gar der Angst zu vermitteln. Man darf nicht vergessen, daß er jede Gemütsregung spürt. Man hat den Hund selbstverständlich an der Leine, um ihn kontrollieren und sicher lenken zu können. Man grüßt freundlich und begibt sich zielstrebig zu einem Platz, ohne daß der Hund in Kontakt zu ande-

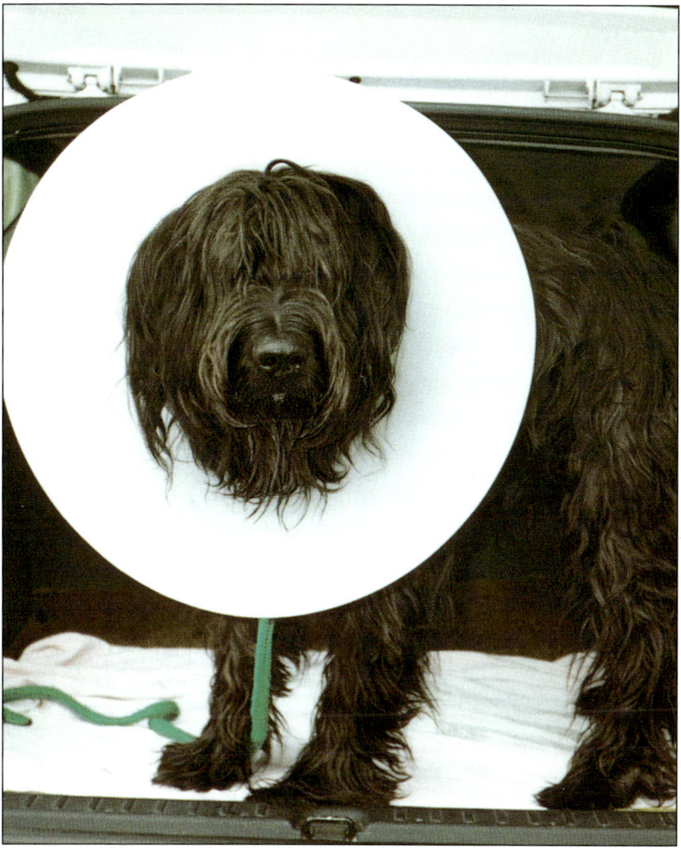

Nach einer Operation oder auch wenn der Hund aus irgendeinem Grund an bestimmten Stellen nicht lecken soll, wird ihm eine „Halskrause" angelegt.

ren Patienten tritt. Einerseits ist dies ein Schutz für den eigenen Hund, da man nicht weiß, ob die anderen Patienten ansteckende Krankheiten übertragen, außerdem sorgt es für Ruhe. Falls der eigene Hund in freundlicher Absicht den Kontakt zu anderen wartenden Patienten sucht, hält man ihn hiervon freundlich aber bestimmt zurück. Falls er sich in aggressiver Weise anderen Tieren nähert, korrigiert man ihn streng.

Man gebe, wenn möglich, dem Hund die Möglichkeit, den Tierarzt oder den Tierheilpraktiker kennenzulernen, ohne daß er direkt schmerzhafte Erfahrungen macht. Einfühlsame Tierärzte oder Tierheilpraktiker werden diesen Wunsch verstehen und dem neuen Patienten gerne einige Minuten widmen. Wenn der Hund dieses erste Treffen als erfreulich in Erinnerung behält, ist das die beste Voraussetzung, einen braven Patienten heranzuziehen, denn das Mißtrauen des Briards gegenüber der fremden Umgebung wird so gemindert.

WORAN ERKENNT MAN EINEN KRANKEN HUND?

Nur wer den Normalzustand seines Briards genau kennt, kann frühzeitig Veränderungen erkennen. Zu den wichtigsten Parametern gehören der Appetit, die Häufigkeit und die Menge des Trinkens, Form und Farbe des Kots, Urin, Haarqualität, Körpertemperatur und die Beschaffenheit der Schleimhäute.

Die normale Körpertemperatur des Briards liegt bei 38,5 Grad und kann um 0,5 Grad nach oben oder unten schwanken. Höhere oder niedrigere Temperaturen sind ein Anzeichen von Krankheit.

Die Schleimhäute eines gesunden Hundes haben eine rosa Färbung. Sie sind sowohl am Auge (Lidbindehaut) als auch an den Lefzen (Mundschleimhaut) gut zu sehen. Man sollte die Farbe der Schleimhäute des eigenen Briards genau kennen, da Farbveränderungen wichtige Hinweise auf viele Krankheiten sind.

Die wohl am häufigsten während eines Hundelebens auftretende Gesundheitsirritationen basieren auf Verstimmungen des Magendarmtrakts.

Meist sind sie harmlos, aber man sollte wissen, daß sie Anzeichen für ernsthafte Erkrankungen sein können. Bei dem sehr sensibel auf Umwelteinflüsse reagierenden Berger de Brie kann es durchaus vorkommen, daß schon alleine eine Irritation in seinem Umfeld zu Durchfall und Erbrechen führt.

Beispielsweise können Umzüge oder längere Abwesenheit des Herrn, aber auch ungewohntes Futter zu solchen Verdauungsstörungen führen.

HÜFTGELENKSDYSPLASIE (HD)

Bei der HD handelt es sich um eine genetisch bedingte Entwicklungsstörung des Hüftgelenks, die vorwiegend bei Hunden großer Rassen auftritt und in Schweregrade eingeteilt wird. Beim gesunden Hund "paßt" der Gelenkkopf des Oberschenkelknochens genau in die Pfanne des Hüftgelenks. Bei HD ist das anders. Während die beiden Gelenkteile bei den ersten Schweregraden noch in Verbindung zueinander stehen, sind sie bei höheren Graden nicht mehr in beweglicher Verbindung, so daß ein einem ausgerenkten Gelenk ähnlicher Zustand entsteht. Jedoch entwickelt sich die Hüftgelenksdysplasie so langsam, daß eine Diagnose erst nach Ablauf des ersten Lebensjahr gestellt werden kann.

Der an Hüftgelenksdysplasie leidende Hund zeigt Lahmheit und einen eher staksigen Gang, da er versucht möglichst wenige Bewegungen aus der Hüfte heraus vorzunehmen. Eine eindeutige Diagnose ist allerdings nur röntgenologisch zu erstellen, denn in den Anfangsstadien ist der Hund oft kaum oder gar nicht beeinträchtigt. Es ist selbstverständlich, daß man einen Berger de Brie, der unter HD leidet, nicht unnötig belastet und seine Hüfte schont, indem man ihn nicht springen, unnötig Treppen gehen läßt.

Mittlerweile gibt es operative Verfahren, die in Spezialtierkliniken durchgeführt werden und in vielen Fällen ein beschwerdefreies Leben ermöglichen. Allerdings darf man keinesfalls vergessen, daß es sich bei der Hüftgelenksdysplasie um eine Erbkrankheit handelt, die, selbst wenn es gelingt, das Individuum beschwerdefrei zu machen, von diesem Hund weiter vererbt wird. Wer einmal einen Berger de Brie besessen hat, der am Ende einer langen, leidvollen Entwicklung, in der man als mitfühlender Hundebesitzer immer wieder zwischen Hoffen und Bangen schwankt, eingeschläfert werden mußte, weil ihm jeder Schritt, jede Bewegung der Hinterhand zur Qual wurde, wird verstehen, warum ich dafür spreche, nur mit HD-freien Linien zu züchten. Jedoch ist eine echte Beurteilung des einzelnen Hundes in Bezug auf seine genetischen Anlagen nicht möglich und eine gezielte Auslese immer nur durch genaue Beobachtung der Vorfahren und der Nachkommen möglich.

IMPFUNGEN

Viele Hundefreunde sind der Meinung, daß es in Deutschland kaum mehr Tollwutfälle gibt, was aber leider nicht der Realität entspricht. Insgesamt ist die Zahl der Tollwutfälle pro Jahr zurückgegangen, doch ist in einzelnen Bundesländern immer noch ein Anstieg an Tollwutfällen zu beobachten, so daß der Impfschutz auf alle Fälle unabdingbar ist.

Die Tollwut soll hier nur als ein Beispiel angeführt werden. Die vom Tierarzt durchgeführten jährlichen Impfungen sind Kombinationsimpfungen gegen alle wichtigen und gefährlichen Infektionskrankheiten, denen man durch Impfung vorbeugen kann. Solche Schutzimpfungen zu versäumen wäre sträflicher Leichtsinn.

DER ALTERNDE HUND

Genau wie wir Menschen wird auch unser Briard älter und durchläuft verschiedene Lebensphasen.

Ab etwa dem siebten Lebensjahr wird er sich voraussichtlich verändern und etwas gemächlicher, ruhiger, vielleicht auch etwas eigener und sturer werden. Manchmal zeigt er sich krankheitsanfälliger, aber durch seine rauhe Natur ist dies von nicht allzu großer Bedeutung. Meist wird er auch anhänglicher, schmusiger und trachtet noch hartnäckiger danach, möglichst jede Minute mit seinem geliebten Herrn zu verbringen.

Ihr Hund beginnt alt zu werden. Dies bedeutet wie jeder andere Abschnitt des Lebens Veränderungen, die sowohl Vor- als auch Nachteile mit sich bringen. Wenn man die Vorteile dieses Lebensabschnitts zu schätzen weiß, kann er zu einem der schönsten überhaupt werden.

Gehen Sie auf Ihren Hund ein. Und keine Angst, das Alter bedeutet nicht, daß Ihr Hund nicht mehr spielt oder mit Ihnen die Umgebung durchstreift. Die meisten Briards bleiben bis an ihr Lebensende verspielt und fröhlich. Ein an Bewegung gewöhnter Hund wird weiterhin gerne mit seinem Herrn arbeiten und spazierengehen.

Nur vor den vielen "Dummheiten", die ein junger Hund im Kopf hat, bleiben wir jetzt eher verschont. Mit weiter zunehmendem Alter sollte man die Dauer der Spaziergänge verringern und lieber häufiger kleine Streifzüge unternehmen. Unter Umständen beginnen nun die Sinnesleistungen des Hundes schwächer zu werden.

Haben Sie Geduld mit ihm und lassen Sie ihm die Zeit, die er braucht. Gerade innerhalb dieses Lebensabschnitts werden wir das erleben, was viele Poeten beschrieben haben: die unbeschreibliche Treue eines Hundes zu seinem

Herrn. Die Verbindung zwischen Hund und Herrn ist gewachsen und gefestigt. Der Hund scheint seinem Herrn mit jedem Blick für seine Liebe und Fürsorge zu danken.

Der Berger de Brie ist ein Hund, der gut und gerne 12 Jahre und mehr erreichen kann. Es kommt auch vor, daß ein Hund 15 oder 16 Jahre alt wird und sich bis zu diesem stolzen Alter ausgezeichneter Gesundheit erfreut. Genießen Sie also auch diesen Lebensabschnitt mit Ihrem Hund und schieben Sie ihn nicht ab.

DER TOD DES HUNDES

Irgendwann ist leider für jeden unserer vierbeinigen Freunde der Tag gekommen, an dem er uns endgültig verlassen muß.

Es ist nicht vorauszusehen, wann dies eintreten wird, aber für den, der seinen Hund liebt, kommt es immer viel zu früh. Über diesen Abschiedsschmerz können keine Zeilen der Welt hinwegtrösten, und daher fällt es mir besonders schwer, zu diesem Thema die passenden Worte zu finden.

Falls der Hund nicht plötzlich durch einen Unfall oder friedlich aufgrund seines Alters einschläft, kommt meist irgendwann der Zeitpunkt, daß der Hund an einer schweren Krankheit so sehr leidet, daß es besser und richtig ist, ihn von seinem Leid zu erlösen.

Ich weiß, wie schwer diese Entscheidung fällt und wie lange man zögert, hoffend, daß sich der aussichtslose Zustand doch noch durch ein Wunder bessert.

Leider bleiben diese Wunder meist aus, und die schwere Entscheidung muß gefällt werden.

Es ist richtig, hierbei auf das Urteil des betreuenden Tierarzt zu vertrauen, sich zumindest mit diesem zu beraten.

Viele Tierärzte sind heute bereit, den Hund in seinem Zuhause von seinen Leiden zu erlösen, was ich sowohl für den Herrn als insbesondere für den Hund für eine gute Lösung halte.

Der Tierarzt wird dem Hund eine Spritze geben. Es ist ein tragischer Moment, wenn der Hund stirbt, weil er unwiederbringlich von uns geht. Aber der Hund wird friedlich einschlafen, ohne einen Schmerz zu spüren und ohne zu leiden und das sollte dem trauernden Herrn eine kleine Erleichterung bringen.

Ich bin der Meinung, daß man es seinem Hund schuldig ist, ihn auf diesem letzten Weg zu begleiten.

Hat er uns nicht auch in seinem gesamten Leben mit seiner bedingungslosen Liebe durch Dick und Dünn begleitet? Wir dürfen ihn jetzt nicht im Stich lassen, denn unser Hund ist entspannt und ruhig, solange wir bei ihm sind.

Kapitel Acht

Ausstellung und Zucht

Sollte man züchten?

Theorie des Ausstellungswesens

Praxis auf Ausstellungen

Zuchtgedanken

Wie bereits erwähnt, ist für den Briard die enge Beziehung zu seinem Herrn von besonders großer Bedeutung. Die Nähe zu seinem Herrn kann ihm auch auf Ausstellungen Ruhe und Gelassenheit vermitteln.

SOLLTE MAN ZÜCHTEN?

Viele Hundebesitzer werden nicht züchten wollen, und ich halte auch nicht viel davon, wenn ein Neuling der Rasse sich gleich auf die Hundevermehrung stürzt. Ich möchte hier auch deutlich betonen, daß das unerfahrene Produzieren von Hunden absolut nichts mit verantwortungsvoller Hundezucht zu tun hat. Viele haben völlig falsche Vorstellungen von der Hundezucht. Es genügt nicht, den eigenen Hund von einem Hund gleicher Rasse aus dem Bekanntenkreis decken zu lassen und die niedlichen, kleinen Hundebabies großzuziehen.

Hundehaltung ist eine sehr verantwortungsvolle Sache. Die Zucht verlangt ein noch größeres Verantwortungsbewußtsein, gegenüber dem eigenen Hund, den aus einer Paarung resultierenden Welpen und der Rasse in ihrer Gesamtheit. Weiter trägt der Züchter die Verantwortung gegenüber dem neuen Besitzer eines jeden Welpen, der aus der Zucht hervorgeht.

Wirkliche Zucht verfolgt das Ziel, eine Hunderasse - und in unserem Fall die des Berger de Brie - zu optimieren, also sie in möglichst vielen Punkten einem gedachten Ideal (nämlich dem im Standard beschriebenen Briard) anzunähern. Um dieses Ziel verfolgen zu können, muß man sehr viel theoretisches Wissen auf vielen den Hund im allgemeinen und die Rasse des Berger de Brie im Speziellen betreffenden Gebieten sammeln, dazu auch persönlich gesammelte, praktische Erfahrungen einbringen. Die Liebe zum Berger de Brie ist natürlich ein wichtige Grundvoraussetzung, aber alleine reicht sie keinesfalls aus.

Derjenige, der tatsächlich mit dem Berger de Brie züchten möchte, sollte schon lange, bevor er seinen Hund decken läßt, möglichst häufig den Kontakt zu erfahrenen Züchtern der Rasse suchen, sich über besonders gute Vererber unter den in der Zucht eingesetzten Briards (auch aus dem Ursprungsland der Rasse, Frankreich) informieren und über die theoretische Seite durch die Lektüre von spezialisierter Fachliteratur im Bilde sein.

Es gibt sehr ausführliche Werke auf dem Gebiet der allgemeinen Hundezucht, in denen erfahrene Züchter ihr Wissen vermitteln. Zwar hat jede Rasse ihre Eigenheiten, die auch vom Züchter berücksichtigt werden müssen, jedoch ist die Basis jeder erfolgreichen Zucht das Wissen um allgemeine Zusammenhänge wie Vererbung, Verhalten, Anatomie und Physiologie und auch die rechtlichen Grundlagen der Hundezucht. Ausgesprochen hilfreich können dem Briardzüchter die beiden im Kynosverlag erschienenen Bücher "Technik der Hundezucht" (Dr. D. Fleig) und "Genetik der Hundezucht" (Dr. M. B. Willis) sein, da sie in für den Laien verständlicher Sprache wesentliche Grundlagen der Hundezucht aufzeigen.

In früherer Zeit wurden Briards auf das konkrete Ziel, dem Hirten dienlich zu sein, gezüchtet. Jeder Welpe, der diesen Ansprüchen nicht genügte, wurde eliminiert. Auch wenn dieses Vorgehen hart erscheinen mag, ein schlechter Hund war für einen Hirten nicht tragbar. So ergab sich eine hervorragende Zucht auf Leistung und Arbeitsfreude. Der Abt Rozier schrieb im Jahr 1809 über den Briard: "Sein Vorzug liegt nicht in seiner Schönheit, sondern in seinen perfekten Instinkten, seinem ange-

Nicht nur der Erfolg sollte bei der Teilnahme an Rassehundeausstellungen im Vordergrund stehen. Der Spaß und das Kennenlernen interessanter und netter Leute mit dem gleichen Interesse am Briard sind ebenso wichtig.

borenen Gehorsam, seiner Aktivität und Geschicklichkeit und seinem Arbeitseifer."

Die Zucht liegt heute in der Hauptsache in den Händen von Amateuren, die das "liebenswerte Fellmonster" in ihr Herz geschlossen haben. Einige von ihnen haben nicht vergessen, daß unser Briard ein vielseitiger Arbeitshund war und ist, aber leider gibt es auch andere.

Gerade in Deutschland sind in den letzten Jahren große Querelen und enorme Konkurrenz unter den einzelnen Briardvereinen entstanden, von denen jeder für sich sicherlich gute Arbeit leistet und sich um den Briard bemüht. Die neidvolle Konkurrenz aber, statt dem kollegialen Arbeiten an einer gemeinsamen Sache, schadet der Rasse des Briards und ebenso den Briardneulingen unter den Hundehaltern. Es gilt hier sicherlich, in den nächsten Jahren eine Lösung zu finden und - hoffentlich - zum Wohle des Briards umzudenken.

THEORIE DES AUSSTELLUNGSWESEN

In unserer Zeit, in der der Briard kaum noch als Arbeitshund gehalten wird, muß ein künstlicher Selektionsmaßstab angelegt werden. So ist im Zusammenhang mit dem Thema Hundezucht das Thema Hundeausstellung von großer Bedeutung.

Hundeausstellungen dienen in erster Linie der Bewertung des einzelnen Hundes im Vergleich zum Idealbild der jeweiligen Rasse (gemessen am gültigen Standard) und sind für die Rassehundezucht unabdingbar. Nur durch die Auswertung der Einzelergebnisse können sich die Rassezuchtvereine ein

Bild über den jeweiligen Stand der Zucht machen.

Die offiziell anerkannten Rassehundeschauen werden von der FCI durch deren zuständige Landesverbände und nationalen Mitglieder ausgetragen. In Deutschland ist dies der VDH. Es gibt internationale wie nationale Ausstellungen, auf denen entweder viele verschiedenen Hunderassen oder eben nur eine Rasse ausgestellt werden.

Teilnahmebedingung für die FCI-Ausstellungen ist eine offiziell gültige, von der FCI anerkannte Ahnentafel, ein gültiger Impfschutz und völlige Gesundheit des Hundes.

Die Beurteilung wird von Richtern vorgenommen, die auf die Beurteilung des Berger de Brie spezialisiert sind. Um eine gerechte Konkurrenzsituation zu schaffen, wird in verschiedenen Klassen gerichtet. Zunächst einmal gibt es auf Clubschauen "Babyklassen", in denen Jungtiere bis zum Alter von ca. 6 Monaten beurteilt werden. Selbstverständlich kann eine Beurteilung in so jungem Alter nur Hinweis, aber niemals ein endgültiges Ergebnis über die Zuchttauglichkeit geben. Der Hund wird bereits in diesem jungen Alter auf erkennbare Mängel hin untersucht und aufgrund der anatomischen und auch verhaltensbezogenen Gegebenheiten beurteilt. Die Richter müssen hierfür große Erfahrung mitbringen, denn es ist weitaus schwieriger, einen noch nicht vollständig entwickelten Hund anhand der vorhandenen Ansätze zu beurteilen als einen ausgewachsenen Hund.

In den weiteren Klassen werden die Jüngstenklasse (6-9 Monate), die Jugendklasse (9-18 Monate), die offene Klasse (ab 15 Monaten) und die Veteranenklasse unterschieden. Weiterhin gibt es die Gebrauchshundeklasse, die Siegerklasse und die Zuchtklasse.

Grundsätzlich werden Hündinnen und Rüden in getrennten Klassen gerichtet. Es wird nach dem gültigen Rassestandard des Berger de Brie gerichtet, wobei nicht nur das Äußere, sondern auch der Charakter des Hundes, den der erfahrene Richter an klaren Merkmalen einschätzen kann, beurteilt und bewertet werden. Erwachsene Hunde wer-den nach der Skala "vorzüglich" (V), "sehr gut" (SG), "gut" (G) und "genügend" bewertet. Ein Hund von herausragender Qualität kann die Bewertung "vorzüglich 1" (V1) erreichen. In jeder Klasse, wird der beste Hund ermittelt. Der beste Rüde und die beste Hündin einer Rasse, ausgewählt aus allen in Konkurrenz stehenden Klassen, erhält die Auszeichnung "CAC" (Certificat au Championat), die die Anwartschaft auf den nationalen Siegertitel bedeutet.

Einmal im Jahr findet die Bundessiegerzuchtschau statt, in deren Rahmen der Titel "Deutscher Bundessieger" vergeben wird.

Das "CACIB" (Certificat d` Aptitude au Championat International de Beauté) oder das "CACIT" (Certificat d`Aptitude au Championat International de Travail) sind die höchsten Auszeichnungen, die ein Hund jeweils erreichen kann. Sie werden an den Sieger aus der Konkurrenz des besten Hundes der offenen Klasse mit dem der Siegerklasse vergeben. Ein Hund der diese Auszeichnung viermal unter 3 verschiedenen Richtern in 3 verschiedenen Ländern erreicht hat, wird Internationaler Champion.

Weiterhin werden Anwartschaften auf den Clubsiegertitel vergeben. Der Titel des Weltsiegers kann nur auf einer Weltsiegerhundeausstellung vergeben werden, die

Junghundebeurteilung ist eine schwierige Sache und den Rassespezialisten, wie hier dem Präsidenten des franzsischen Clubs, E. Yannakis, vorbehalten.

jedes Jahr in einem anderen Land stattfindet.

PRAXIS AUF AUSSTELLUNGEN

Jeder, der zum ersten Mal mit seinem Hund an einer Hundeausstellung teilnimmt, wird wohl von einer gewissen Nervosität befallen werden. Um diese möglichst gering zu halten, sollte man einige Vorkehrungen treffen. Dies bedeutet, daß man den jungen Hund schon im Vorfeld an Menschenmengen gewöhnt. Zu diesem Zweck kann man ihn in ein großes Kaufhaus führen, ihn zu anderen Ausstellungen mitnehmen oder auch nur mit ihm durch die Einkaufsstraße einer größeren Stadt spazieren. Hierbei geht man genauso vor wie bei allem, was man dem Berger de Brie bisher Neues gezeigt hat. Man läßt ihm Zeit, um sich an die neue Situation zu gewöhnen und wirkt gleichzeitig beruhigend und ermutigend auf ihn ein. Man sollte den jungen Hund auch von fremden Menschen anfassen lassen, damit er sich an die Berührungen durch Fremde gewöhnt.

Dieses Unterschreiten der Sicherheitsdistanz durch den Richter wird nämlich häufig von Vertretern der Rasse des Berger de Brie, die daran nicht gewohnt sind, nicht oder nur unter Widerstand toleriert. Wie groß diese Sicherheitsdistanz ist, ist von Individuum zu Individuum verschieden und angeboren. Jedoch kann man darauf Einfluß nehmen, ob und wie nah der Briard Fremde an sich heranläßt.

Je mehr positive Erfahrungen der Hund macht, in denen er den "inneren (Distanz-) Schweinehund" immer wieder überwindet, desto problemloser wird er auch die Prüfung durch den Richter über sich ergehen lassen.

Viele Züchter bitten die Käufer ihrer Hunde, diese doch zumindest ein Mal auf einer Ausstellung zu präsentieren, damit sie sich ein Bild von dem Ergebnis und dem Stand ihrer Zucht machen können. Falls man die Möglichkeit hat, sollte man seinen Berger de Brie von einem Fachmann vorbeurteilen lassen. Dieser kann entweder ein sehr erfahrener Züchter oder besser noch ein Richter der Rasse sein. Hierdurch kann man sich Enttäuschungen ersparen, denn der Richter sieht jeden Hund mit objektiven, unbestechlichen Augen.

Auch wenn der eigene Hund für den jeweiligen Besitzer, durch die rosarote Brille der Liebe betrachtet meist der schönste Hund der Welt ist, muß akzeptiert werden, daß der Richter dies nach den Maßgaben des Standards möglicherweise anders sieht. Ich habe schon mehrere Besitzer erlebt, denen ich geraten hatte, mit ihrem Liebling nicht an einer Hundeausstellung teilzunehmen. Sie waren bitter enttäuscht, was sich meist entweder in Wut auf den Richter oder sogar in Wut auf den Hund äußerte.

Leider haben diese Menschen nicht bedacht, daß es sich bei einer Ausstellung um einen Wettbewerb handelt, bei dem es darum geht, nach objektiven, vorgegebenen Maßstäben miteinander konkurrierende Hunde einzustufen. Es darf hier niemals böser Wille des Richters im Spiel sein. Wer nicht absolut sicher ist, daß sein Verhältnis zu seinem Hund auch durch ein schlechtes Ausstellungsergebnis nicht getrübt wird, sollte die Finger von Ausstellungen lassen.

Andererseits ist es leider häufig so, daß ein von einem im Vorführen erfahrenen Menschen präsentierter Berger de Brie eine bessere Plazierung erhält als ein Hund, der von einem Laien geführt wird. Dies liegt daran, daß der Erfahrene es verstehen wird, die positiven Seiten seines Hundes herauszuarbeiten, die negativen aber so weit wie möglich zu verbergen. In England, welches das Land der großen Hundeausstellungen ist, gibt es sogar den Beruf des "Handlers", der eigens dafür da ist, Ausstellungshunde vor dem Wettkampf herzurichten und im Wettkampf zu präsentieren. Dies erklärt sich damit, daß ein Champion Höchstpreise erzielt und auch dessen Nachkommen im Wert steigen. Es ist also nur verständlich, daß Züchter, die mit der Hundezucht einiges Geld verdienen, daran interessiert sind, möglichst viele Preise zugewinnen.

Der Liebhaber eines Berger de Brie wird aber mit seinem Hund nicht züchten wollen, sondern möchte nur ein Urteil darüber, wie der eigene Hund bewertet wird. Ein guter Züchter wird sich seiner Welpenkäufer annehmen und Ihnen bei Ausstellungen mit Rat und Tat zur Seite stehen. Unter Umständen wird der Züchter sogar den Junghund für Sie vorstellen. Dies kann gerade dann sehr hilfreich sein, wenn der Züchter durch routinierten Umgang seine Ruhe auf den jungen, ausstellungsunerfahrenen Briard überträgt. Bedenken Sie, daß der Berger de Brie ein sehr empfindsamer Hund ist, der jede gefühlsmäßige Regung seines Herrn erspürt. Wenn er die Nervosität seines Herrn spürt, wird auch er mit Unruhe und Mißtrauen reagieren.

Es liegt auch in Ihrer Hand, Ihrem Hund durch gute Vorbereitung zu einem guten Ausstellungsergebnis zu verhelfen. Spielen Sie im Vorfeld mit ihm in gewohnter Umgebung die Ausstellungssituation durch. Es sollte allgemein selbstverständlich sein, daß der Hund die für ihn ideale Pflege erfährt, jedoch ist ein idealer Pflegezustand für die Teilnahme an einer Ausstellung wichtig. Das Fell darf nicht nur an der Oberfläche gepflegt und glatt, "untendrunter" aber völlig verfilzt sein, wie man es bei Briards leider immer wieder erlebt.

Andererseits habe ich auch schon Briardhalter erlebt, die gerade durch überzogene Pflege vor einer Ausstellung ein schlechteres Ergebnis für ihren Hund erzielt haben. Einmal traf ich bei einer Ausstellung einen jungen Mann, der mit einer völlig verstörten fauvefarbenen Hündin auftrat, die eher einem gerupften Huhn, denn einem Briard glich. Ziemlich enttäuscht berichtete er, daß er mit seiner Hündin auf einem Bauernhof lebt und die Hündin sich dort tagein tagaus frei bewegt. Er gab zu, daß ihm leider oft nicht die Zeit bleibt, nach getaner Arbeit noch den Hund zu bürsten. Da er aber an der Ausstellung teilnehmen wollte, nahm er sich zwei Tage vor dem großen Auftritt besonders viel Zeit und entfernte all die verfilzten Stellen mit dem Kamm. Hierdurch sah die Hündin einerseits alles andere als schön aus, ließ sich aber außerdem auch nur noch ungern anfassen, weil sie durch das Ziepen beim Kämmen, welches sie nicht gewohnt war, noch vor jeglicher Berührung zurückschreckte.

Man sollte den Briard drei Wochen vor der Ausstellung nicht baden, da das Haar durch diese Prozedur aufquillt und an Härte verliert und seine eigentliche Qualität erst langsam wiedererlangt. Leider führt es auch zu Punktabzügen, wenn der Briard nicht den gewünschten Haarschleier vor den Augen hat, weil Sie ihn möglicherweise zum Wohle Ihres Hundes ausgedünnt oder radikal gekürzt haben. Wohl oder übel, muß man rechtzeitig vor dem Ausstellungstermin daran denken, die Haare vor den Augen nachwachsen zu lassen. Binden Sie ihm doch die Haare in dieser Zeit einfach mit einer Haarspange zurück, wie man es auch bisweilen bei kleinen Hunden wie dem Yorkshire Terrier sieht. Beachten Sie die dummen Bemerkungen Ihres Umfelds einfach gar nicht. Für Ihren Hund ist es wichtig, seine Umwelt auch mit den Augen wahrnehmen zu können.

ZUCHTGEDANKEN

Ich habe meine Meinung zur "Zufallszucht" bereits dargelegt. Falls Sie sich aber dennoch nicht davon abbringen lassen wollen, mindestens einen Wurf mit Ihrer Hündin zu machen, so sollten Sie sich das Wissen aus der erwähnten Literatur aneignen und nur mit Hilfe des fachmännischen Rates erfahrener und erfolgreicher Züchter der Rasse des Berger de Brie in die schwierige Domäne der Zucht einsteigen. Der Fachmann kann dem Zuchtneuling sehr schnell sagen, ob er den Hund, aber auch dessen Lebens- und Umweltbedingungen für geeignet hält, um eine gute Zucht aufzubauen. Bitten Sie um ein ehrliches Urteil und seien Sie stolz darauf, wenn er Ihnen zur Zucht rät. Seien Sie aber auch nicht beleidigt und auch nicht zu enttäuscht, wenn er Ihnen von der Zucht abrät. Beachten Sie den Rat des Fachmanns auf jeden Fall.

Es ist nicht sinnvoll, mit Briards zu züchten, die nicht von einwandfreiem Wesen sind. In diesem Punkt darf kein Kompromiß eingegangen werden, nur um einen an äußeren Merkmalen schönen Hund nicht von der Zucht ausschließen zu müssen. Das dem Hütehund angeborene Mißtrauen, führt bei einem ausgeglichenen, wesensstarken Briard nicht zwangsläufig zu Problemen, solange der Besitzer des Junghundes ausreichende Arbeit und Zeit in die Sozialisierung des noch unerfahrenen Welpen steckt, so daß dieser wiederum genügend Möglichkeiten hat, um zu lernen, wie man mit Fremdem umgeht. Das natürliche Mißtrauen des Briards kann aber sehr schnell zum großen Problem werden, wenn die Anlagen des Briards weniger ideal sind. Vergessen wir nicht, daß unser Briard ursprünglich als Arbeitshund an der Herde gezüchtet und gehalten wurde. Hier war das Mißtrauen gegenüber allem Fremden ausgesprochen angebracht, konnte alles doch jederzeit eine mehr oder minder große Gefahr für die Herde darstellen.

Heute ist dieses starke Maß an Mißtrauen unerwünscht. Auch wenn es einerseits die Basis der natürlichen Wachsamkeit unseres Briards ist und viele deutschen Kenner der Rasse immer wieder auf dem wesentlichen Unterschied des gesunden, gegenüber dem übersteigerten Mißtrauen herumreiten, so möchte ich mich doch in diesem Punkt der Meinung der französischen Züchter anschließen. Der Berger de Brie ist heute in erster Linie zu einem Familienhund geworden und lebt zumeist auch nicht mehr auf weiten Feldern, sondern mitten unter uns Menschen. Hier stürzen tagein tagaus viele unbekannten Geräusche und Gerüche auf ihn ein. Das dem Hirten an der Herde dienliche gesunde Mißtrauen ist heute für den Briardbesitzer im Alltag eher lästig.

Der Briefträger, der Schornsteinfeger, die neuen Nachbarn, die Geräusche einer großen Stadt, das Klappern einer leeren Konservendose, all das sollte unseren Hund im Idealfall nicht tangieren. Das extrem hohe Maß an Mißtrauen ist heute, da sich der Aufgabenbereich des Briards gewandelt hat, nicht mehr gefragt, kann sogar sehr schnell zu einer Gefahr werden.

Wenn auch das sichere Wesen in meinen Augen das Wichtigste bei der Zucht des Briards ist, so sind selbstverständlich noch viele anderen Punkte bei der Briardzucht zu beachten. Erbkrankheiten (HD, PRA, abcr auch andere) sind so weit wie möglich zurückzudrängen. Fellbeschaffenheit und Farbe, Robustheit, Rassetyp, auch noch die Afterkralle und noch einiges mehr, wollen in die Zuchtplanung des Briards miteinbezogen werden. Jeder Einzelfaktor ist nach kurzer Einführung auch für den Laien überschaubar. Aber die Schwierigkeit liegt darin, daß jeder einzelne Faktor von Bedeutung ist und man niemals den Überblick verlieren darf.

Diesbezüglich kann ich nur jeden Amateur warnen: Überlegen Sie sich gut, ob Sie wirklich in der Lage sind vorauszusehen, was aus ihrer angestrebten Paarung hervorgehen wird. Nur wenn Sie sicher sind, daß die von Ihnen gezüchteten Welpen sowohl im Aussehen, als auch vor allen Dingen im Charakter eine Bereicherung der Rasse sein könnten, sollten sie sich auf das Abenteuer "Zucht" einlassen.

Und vergessen Sie nicht, daß der Züchter alleine die Verantwortung für den Welpen in seiner Prägungsphase (bis zur achten Lebenswoche) trägt und somit entscheidet, was aus ihm wird.

Ein Briard, der in dieser Phase das Grundvertrauen zu den Menschen nicht aufbauen kann, wird später selbst unter größtem Einsatz seines Käufers kaum mehr zu einem vertrauensvollen, ausgeglichenen und angenehmen Familienhund werden.

Früh übt sich, er einmal ein großer Ausstellungscrack werden will.